「ついていきたい」と思われるリーダーになる51の考え方

岩田松雄

サンマーク文庫

文庫化にあたって

本書の単行本が世に出たのは、私がスターバックスCEOを辞した後の二〇一二年一〇月のことでした。その後、ありがたいことに三六万部を超えるベストセラーとなり、多くの読者のご支持を得て版を重ねることができました。

カリスマとはほど遠い「普通のおじさん」の私が、もがきながら学んだ実体験から、「良きリーダーは、特別な才能がなくても誰でも目指せる」と今までにはないリーダー像を描いたことに、たくさんの共感をいただいたからだと思います。

そしてこのたび、文庫版として出版される機会を得ましたこと、とてもうれしく思っています。

今までにも増して変化の激しい時代には、組織に頼ることなく、一人ひとりがリーダーであるとの自覚がさらに強く求められています。

誰でもリーダーになり得るのであるという本書で語るリーダー像こそ、ますます必要とされる場面が増えてくるのではないかと、期待しています。

本書が、これからリーダーを目指す「志」のある皆様の少しでもお役に立つことができれば、幸いです。

二〇二一年三月吉日

岩田松雄

はじめに

「ごく普通のおじさんだった！」

おかげさまで、講演をしてほしい、というご依頼をいただくことがあります。面白いな、と思うのは、会場に入ると、ときどきびっくりした表情を見せる人に出会うことです。

講演の主催者が作成した、講演者である私の資料を読むと、こんなふうに書かれています。四三歳で初めて上場会社の社長になり、四七歳で「ザ・ボディショップ」の社長に、さらに五一歳で「スターバックス コーヒー ジャパン」のCEOに就任……。

さぞやすごい人が来るのではないか、カリスマ的な雰囲気を持っている人がやってくるのではないか、と期待しておられたのではないかと思います。

ところが、目の前に現れたのは、ごく「普通のおじさん」。冒頭の言葉は、実際にセミナー参加者の方から寄せられた感想です。

実際のところ、私はごく「普通のおじさん」なのです。イメージしていたリーダー像とずいぶん違う、と思われても仕方がないと思っています。

私自身、自分が四〇代で上場会社の社長になり、しかもその後、外資系企業の社長を務めることになるなど、夢にも思っていませんでした。

世の中には、リーダーになるために生まれてきたような人もいますが、私はまったくそうではありません。学校時代を考えても、社会に出てからも、リーダータイプとしてまわりから見られていたわけではなかったと思います。

しかし、そんな私が、まわりの人たちに推されるまま、気がついたらとうとう社長にまでなっていたのです。

私はその事実こそ、本書を通してあなたに知ってほしいと思っています。

あなたは、リーダーや社長になるのは、特別な人たちなのではないか、と思っていませんか。生まれつき、強いリーダーシップを持ち、プレゼンも見事で、とにかくオレについてこい、というカリスマ的な雰囲気を漂わせているのが、リーダーなのではないか、と。そして、自分はそんなふうにはなれない……。

しかし、そんなことはないのです。**私は、誰でも頑張ればリーダーになれるし、社長にもなれると思っています。**

少し自己紹介をさせてください。私は一九八二年に大学を卒業すると、二三歳で日産自動車に入社しました。入社八年目、三二歳から二年間、社内の留学制度で、カリフォルニア大学ロサンジェルス校（ＵＣＬＡ）アンダーソンスクールに留学し、ＭＢＡを取得しました。

帰国してから三年後、三七歳で当時、日本に新しくできた外資系戦略コンサルティング会社のジェミニ・コンサルティング・ジャパンに誘われ、シニアコンサルタントになりました。さらに一年半後の三八歳で、日本コカ・コーラに入社。四年後に、プリクラやゲームソフト制作などで知られたエンタテインメント企業のアトラスに転じて、入社の翌年から社長を務めました。

その後、アトラスが大手玩具メーカーのタカラ傘下に入り、私はタカラの常務取締役に迎えられました。そして二年後にザ・ボディショップ、さらにはスターバックスに転じて、CEOを務めました。

こうやって書いてみると、華やかな経歴に見えるかもしれません。しかし実際には、必ずしも順調なキャリアだったわけではありませんでした。

日産自動車時代には、ソリの合わない上司によって、非自動車部門に異動させられ、そこで納得のいかない評価をされたこともありました。

その後、留学制度に応募して、やっとの思いでUCLAに合格するのですが、実際に留学するまでの過程では、ほとんどノイローゼに近い状態にまで精神的に追い込まれました。思えば、私の二〇代、三〇代というのは、挫折と苦難の連続でした。

もしかしたらみなさんの中にも、今のような状況で自分はリーダーになれるのか、とお感じの方もおられるかもしれません。

自分はリーダーに向いているのか、人の上に立つようなことが本当にできるようになるのか、強いリーダーシップなどないし、オレについてこい、などというタイプではない、みんなついてきてくれるだろうか、と悩まれているかもしれません。

しかし、それでいいと私は思っています。それでもリーダーになる日が、やがて必ずやってくるからです。

なぜなら、「ついていきたい」とまわりの人が思う姿にあなたがなっていたとするならば、みんなに推される形で自然にリーダーに選ばれることになっていきます。

リーダーになろうとするのではなく、まわりに推されてリーダーになる。私はこれが、理想のリーダーの姿だと思っています。


私自身、まわりに推されてリーダーになってきました。自分に果たしてリーダーが務まるのか、不安がなかったわけではありません。それでも私は、幸い運良く成果を残すことができました。

例えばザ・ボディショップでは、三二カ月連続で予算を達成しました。店舗数は、一〇七店から一七五店になり、売り上げも六七億円から約一四〇億円、利益も約五倍に伸ばすことができました。

みんなでやろうと「七つのお願い」を社長就任時に宣言したときに、涙を流して喜んでくれた女性スタッフたちがいました。従業員満足度も劇的に向上し、業績も右肩上がりの急カーブを描きました。この状況を見ていた監査役が、「会社というのは、トップが代わるだけでこんなに変わってしまうものなのか」とつぶやいていたのを覚えています。

社員一八〇〇人、契約社員・アルバイトを含めると約二万二〇〇〇人を率いることになったスターバックスでは、店舗数は八三三店舗から八八一店舗に、売上高は九六六億円から、過去最高の売上高となる一〇一六億円にと、初の一〇〇〇億円の大台を突破することができました。

お店を大切にしたくて、できるだけ多くの店舗を回り、店長やお店のスタッフたちとコミュニケーションを交わしました。誰もが、とても喜んでくれて、忘れられない思い出をたくさんもらいました。お店の人たちとは今も交流が続いています。

ザ・ボディショップでも、スターバックスでも、私が実践していたのは、「オレについてこい」という強烈なリーダーシップでもないし、カリスマ的な魅力で部下を引っ張る、といったマネジメントでも、ありませんでした。

しかし、「誰よりも会社を愛し、みんなのために頑張ろう」と思っているリーダーなら、もしかしたら目指せるのではないか、と思っていました。

すると結果として、みんなに「ついていきたい」と思われるリーダーとなれたのです。それを実践するよう努力していたら、結果を出すことができたのです。

本書では、そのために私がどんなことを考え、どんなことをしてきたかを語っていきたいと考えています。**こんなリーダーもいるのだ、こんなリーダーシップの考え方もあるのだ、ということを発見しながら読んでいただければと思います。**

そして、あなたが「ついていきたい」と思われるリーダーになるための一助となれば、これほどうれしいことはありません。

目次

第2章 リーダーは、饒舌でなくてもかまわない

「ついていきたい」と思われるリーダーの「コミュニケーション」

第3章　リーダーは、部下と飲みに行かない

「ついていきたい」と思われるリーダーの「マネジメント」

第4章 リーダーは、人のすることは信じてはいけない

「ついていきたい」と思われるリーダーの「決断」

第5章　リーダーは、立ち止まらなければいけない

「ついていきたい」と思われるリーダーの「行動力」

第6章　リーダーは、多読家である必要はない
「ついていきたい」と思われるリーダーの「読書術」

第7章　リーダーは、弱くてもかまわない
「ついていきたい」と思われるリーダーの「人間力」

装　丁……萩原弦一郎（256）
編集協力……上阪 徹
株式会社ぷれす
編　集……黒川可奈子／
新井一裁
（サンマーク出版）

第1章

リーダーは、かっこいいとは限らない

「ついていきたい」と思われるリーダーの「考え方」

私が自分だけのために働いているときには、自分だけしか私のために働かなかった。
しかし、私が人のために働くようになってからは、人も私のために働いてくれたのだ。
［ベンジャミン・フランクリン］

1 「どうして自分がリーダーに?」でまったくかまわない

高校から本格的に始めた野球で、まさかのキャプテンになった

リーダー、と聞いてあなたは、どんなイメージをお持ちになりますか。

例えば、過去には甲子園にも出場したことのある高校の野球部キャプテン、といえば、どんな印象でしょうか。小学校の頃から野球ができて、どこに行ってもいつもキャプテンを務めてきて、野球以外の場でもリーダーシップを発揮している……。そんなイメージではないでしょうか。

私は高校時代、そんな高校野球部のキャプテンを務めていたのでした。といっても、みなさんがお持ちのイメージとは、私のそれまではずいぶん違っていました。

私が野球を本格的に始めたのは、実は高校からです。かなり昔に甲子園の出場経験がある進学校だったのですが、たまたま多くの有望な選手が一学年上に入学し、

かつての甲子園優勝監督がもう一度、監督として戻ってきました。待っていたのは、厳しい練習でした。

今も覚えていますが、入学当初はあまりの練習の辛《つら》さに悲鳴を上げたものです。当時の自宅は坂の上にあったのですが、疲れ果てて、途中の公園で休んでからでなければ家に帰れない有様。勉強そっちのけで野球に明け暮れていましたから、勉強のほうでも落ちこぼれていました。

しかも通っていた中学校には野球部がなく、本格的な野球は未経験者です。同級生には、入学してすぐに上級生と一緒にプレーするような人間もいました。しかし、私はずっと球拾いをしたり、ブルペンキャッチャーを務めたり、と裏方ばかり。

二年生になっても、それは変わりませんでした。上級生のいない二軍の試合にも、私は出場できませんでした。それでも私は練習を一所懸命にやっていました。野球が好きでたまらなかったし、それがやるべきことだと思っていたからです。

「岩田先輩をキャプテンにしてほしい」

二年の夏の大会予選が終わり、自分たちの代のチームが作られることになりました。まず行われたのが、キャプテン選びです。私は当然、一年生のときから上級生に交じって活躍していたエースや中心選手がなるものだとばかり思っていました。ところが、監督がキャプテンの名前を発表すると、本当に驚いてしまいました。いきなり私の名前が呼ばれたのです。同級生の誰もが、驚いていたと思います。思ってもみない人選でした。

野球を本格的に始めたのは高校からで、目立った活躍もしていない。試合にも出ていない。二軍戦でも出させてもらえない。そんな私に、どうしてキャプテンが命じられたのか。後でコーチに聞いてわかりました。下級生が、「岩田先輩をキャプテンにしてほしい」と強く推薦したというのです。

思えば私は、下級生たちと一緒によくグラウンド整備をしたりしていました。上級生だからと特に意識することなく、整備を手伝うのは当たり前だと思っていました。

また、試合にも出られないのに一所懸命に練習に取り組んでいた私の姿は、上級生たちもしっかり見ていてくれたのです。後にあるＯＢの人にこう言われました。「現役時代の岩田を応援していたんだよ。一所懸命に練習に取り組んでいた。お前のファンだったよ」と。

リーダーになろうと思ったわけではまったくなく、まわりの人から押し上げられて、私はリーダーになったのでした。

キャプテンとして、初めての試合。これまでときどき代打には出て、ヒットも打つようにはなっていましたが、先発で試合に出たことがないのが、私です。監督に渡されたスターティングメンバー表に、もしかしたら自分の名前があるかも、とドキドキしながら見ました。

一番、二番……。ない。九番、八番、七番……。やっぱりない。キャプテンになっても、試合に出られないのか、と思いました。しかし、もう一度、眺めてみた次の瞬間、私は目を疑いました。私の名前は、なんと四番のところにあったのです。

率先してみんなを支えてきた。そのご褒美は、想像もつかないものだったのでした。このときは、本当にうれしかった。

見てくれている人は必ずいる。頑張っていれば、まわりの人が自分を押し上げてくれる。そのことを、私が初めて体感した出来事でした。

下級生が育ってくるまで、その期待に応えて、チャンスに強い四番バッターでいることができました。

2　リーダーシップは生まれつきのものじゃない

リーダータイプではない私が、社長にまでなれたのはなぜだろう?

思えば私のリーダーシップというのは、まさにこの野球部の経験が原点になっている、といえるかもしれません。幼い頃からリーダーシップを発揮する子どもたちもいますが、私はまったくそんなことはありませんでした。

小さい頃はやんちゃで、どちらかというとわがままで人に嫌われていた気がします。リーダーシップを発揮している友達に憧れる普通の子どもでした。

後に社会に出てからも、自らリーダーシップを発揮しよう、などと意識したことはありません。みんなのために今、何をするべきか。それを考えて行動していたら、自然とリーダー的な役割をしていることが増えていったのです。いつの間にか、組織のリーダーまで命じられるようになっていった。その繰り返しでした。子どもの頃の私を知る人は、私が三社で社長を経験したなど信じられないだろうと思います。

だからこそ、**私が強調しておきたいのは、リーダーシップとは生まれつきのものなどでは決してない、ということ。誰でもリーダーになれる素質を持っているのです。**

もちろん、生まれつきリーダーとしての何かを持っている人もいます。最初から、自然に人の上に立つような人はたしかにいると思います。しかし、少なくとも私はそうではありませんでした。

だからこそ、そんな私が、幸運にも四三歳にして上場会社の社長になり、その後世界に知られるザ・ボディショップや、売上高が一〇〇〇億円を超えるスターバックスの日本法人の社長にまでなれたことを知ってほしいのです。

まず「リーダーシップ」のイメージを変えなさい

私が強調しておきたいのは、リーダーシップのイメージを変えてほしい、ということです。リーダーシップといえば、多くの人がイメージするのが、オレについてこい、というカリスマ的な力で、グイグイ人を引っ張っていく、というものではないでしょうか。強いリーダー、一歩前に出るリーダーでなければいけない、と。

実際、一国のリーダーにしても、企業のリーダーにしても、そうしたカリスマ的な輝きでリーダーシップを発揮する人もたしかにいます。しかし、それだけがリーダーシップでは決してない、ということです。

私が大好きな書籍に、ジェームズ・C・コリンズの名著『ビジョナリーカンパニー2　飛躍の法則』（日経BP社）があります。優れた企業の本当の強さの秘密とは何か、を検証した本ですが、ここでもリーダーシップについても言及されています。

たしかに、多くの人々がイメージする、カリスマ的な力によるリーダーシップも登場しますが、それは「第四水準」という書き方がされています。ところが、その上のリーダーシップとして「第五水準」というリーダーシップがあるというのです。

カリスマ性の有無はまったく関係がない。むしろ、謙虚さを持っている。何かがうまくいったとしたら、「それは運が良かったからだ」「部下が頑張ってくれたからだ」と受け止める。逆に、うまくいかなかったときには、「すべて自分の責任だ」と捉える。

そうした謙虚な姿勢を持ち、人格的にも優れたリーダーを『ビジョナリーカンパニー2』では、「第五水準」のリーダーと定義していました。

四〇代でこの本を読んだとき、とても勇気づけられたのでした。私自身、カリスマ型のリーダーにはおそらくなれない。ならばタイプの違う「第四水準」を目指しても仕方がない。

もし自分が組織の中でリーダーシップを発揮しなければいけなくなるとすれば、この「第五水準」を目指せばいいのだ、と。何より、それは自分がぜひ目指したいと思ったリーダー像でした。

以前より私は中国古典なども読んでいましたが、東洋の哲学でも、同じようなことが書かれていました。東洋哲学の理想とするリーダーというのは、深沈厚重型の静かな闘志を持った人、優れた人格を持った人だったのです。

『ビジョナリーカンパニー2』の結論と同じことが、中国古典にもうすでに書かれていた。私は洋の東西を問わず理想とすべきリーダー像が同じことに、驚いたのでした。

3　人を動かすより、まず自分を動かせ

努力をすれば、必ず報われる

では、「第五水準」のリーダーシップには何が必要になってくるのか、おわかりでしょうか。私は、まず何よりも持っていなければいけないマインドがあると考えています。

それが、月並みに聞こえるかもしれませんが、**「努力をすれば、必ず報われる」と自分を信じる強い気持ち**です。

これにもまた、野球の実体験があります。私は大学でも野球部に入って、野球漬けになりました。厳しい練習がまた始まりましたが、上級生が少ないこともあり、早くから外野手として試合に出ることができました。ところが、私は早々に右膝の半月板を損傷してしまうのです。手術して一年ほどリハビリを強いられました。

復帰にあたって、私はひとつの決意をしていました。幼い頃からずっと野球が大好きだった私が、何より憧れていたのはピッチャーでした。実は高校時代もピッチャーをやってみたかった。しかし、同級生のピッチャーが絶対的エースとしていたので、私は早々にあきらめざるを得なかったのでした。

大学でケガから復帰するとき、どうせゼロから始めるなら、自分の夢であったピッチャーを目指そう、と思いました。そして、ピッチャーを目指したい、と宣言したのです。まわりからは反対されました。近畿リーグ一部というそれなりのレベルのチームでしたし、ピッチャー経験も私にはない。他のポジションなら試合に出られるのに、何もわざわざピッチャーなんて、やる必要はないじゃないか、と。

実際その通りでした。まったくの鳴かず飛ばず。たまに練習試合で投げさせてもらうけれど、やっぱり抑えられない。ただ、あきらめず練習だけは黙々とやっていました。夏場の一〇〇〇本ダッシュや、練習が終わってから必ず五キロ走っていました。新チームではキャプテンから新人監督を頼まれもしました。新人たちを指導しながら人一倍練習を続けました。

そんな姿を、認めてくれたのだと思います。チームメイトが、三年生の秋の最終戦に岩田を投げさせてやってくれ、と試合当日に監督に進言してくれたのです。うれしかった。でも、みんな五回持たないだろうと言っていたようです。ところが私は相手打線を二点に抑えて完投し、勝ち投手になることができたのです。ずっとブルペンで腐らずに黙々と、いつでも投げられる準備をしていたおかげで、このワンチャンスを生かすことができました。大きな成功体験でした。

高校のときでもそうでしたが、地道にコツコツ頑張っていると、誰かが見てくれている。どこかで花開く、という思いが私の中に確実にインプットされたのでした。

コツコツとした地道な努力がどうしてできるのか。それは、頑張ればきっといつかその努力が実を結ぶと信じられるからです。それを信じることができれば、努力をコツコツ続けられるのです。

人を治める前に、まず自分を修めよ

リーダーといえば、ともすれば、人を使い、人を動かすことをイメージしてしまう人も少なくないと思います。

しかし私は、人を動かす前に、自分自身を動かす必要があると思っています。

人を治める前にまず、自分を修める必要があるのです。自分を修めることもできないのに、人を治められるはずがありません。

私自身、完璧にできてきたのか、と問われたらまったく自信はないのですが、それでも自分を修めようという意識を常に持っていました。自分を修めることが、「第五水準」のリーダーには、まずは問われてくるのだと思います。

このときのベースとなるのが、努力は必ず実を結ぶのだ、最後には何とかなる、という強い信念だと思います。

そして、その信念は、必ず行動に表れる。さらに、その行動を、人は見ているのです。

我こそがリーダーだ、などと思わなくていいし、示さなくてもいいのです。自分で自分を修めようと努力し、自分でコツコツ頑張って自分を高めていくと、まわりから推されてリーダーになっていくのです。

結果的にそうなっていく。それが最も自然だし、最高の形のリーダーだと思います。

自分にできないリーダーシップなど、発揮する必要はありません。

まずは自分にできることをする。できることからコツコツ努力する。それを追求することこそが、「ついていきたい」と思われるリーダーになる第一歩だと私は信じています。

4　部下は、上司の人間性をこそ見ている

尊敬できた上司と比べて、今の私はどうなのか？

大学を卒業して、最初に入った会社は日産自動車でした。今なお私にとっての心の師匠ともいえる存在の上司に出会ったのは、入社二年目のときです。まずは範を示してくれて、教えてくれて、かつ任せてくれた。この上司から、私は多くのことを学びました。

一〇歳ほど年上でしたから、上司はちょうど三三歳くらい。私は自分が三三歳になったとき、その上司と比べて今の自分はどうなのかと見つめ直し、自分の至らなさに愕然《がくぜん》としたことを覚えています。

その上司は、高校卒業後に会社に入った人でした。大学卒業者も多い日産自動車では、残念ながら出世に学歴が影響していました。私から見れば、まわりにいるど

の課長よりも仕事ができたにもかかわらず、係長のままでした。誰もがそのおかしさに気づいていたと思います。

それでも本人は、そんな不満は一切外に出すことなく、自分が果たすべき仕事に取り組まれていました。どうして私は、その人に尊敬の念を抱いたのか。後にはっきりと気づくことになりますが、その上司には、私利私欲がまったくなかったからです。

上司としての自分をまわりによく見せるためとか、自分の出世のためとか、部下に自分を大きく見せるためとか、そういうところが微塵《みじん》もなかった。その人にあったのは、日産自動車にとってどうか、それは日産自動車のためか、何を会社は求めているか、ということだけでした。心の底から日産自動車を愛していました。

強い愛社精神のもと、自らの仕事に誇りを持ち、人一倍勉強をして日々を過ごす。部下に仕事を委ね、任せ、最後は責任を取る。私は、いずれは自分もそうしなければいけないのだ、と思いました。部下を持つようになったときも、真っ先にイメージしたのはその人でした。

部下は上司をよく見ています。そして見ているのは、仕事ぶりばかりではありません。

その人間性こそ、しっかり見ていると私は思います。カリスマ性があるとかないとか、リーダーシップがあるとかないとか、そういうことは上辺だけのことだと私は思います。

偉い人が、「謙虚でいること」はかっこいい

日産自動車ではもう一人、強く印象に残った上司がいました。私は入社三年目、販売応援で一年半、販売会社で車の飛び込みセールスを行う仕事をしていました。車というのは、簡単に売れるものではありません。来る日も来る日も飛び込み訪問を続け、一〇〇軒回ってようやく一人のお客様に巡り合えるかどうか、という仕事です。

その販売会社の社長が、一所懸命頑張っていた私をよくかわいがってくださったのでした。日産自動車本社から出向されていたのですが、「オレはこの販売会社に骨を埋める」とおっしゃっていました。多くの人が日産自動車本社での出世を目指

し、出向しても早く本社に戻りたがる中で、この発言に覚悟を感じました。でも、それだけに販売会社の人間にはうれしい言葉だったはずです。かっこよく、素敵な人だ、と私も思いました。

やっぱりこういう人格者は、まわりがしっかり見ているのでしょう。後にこの人は本社に呼び戻されて販売トップの常務になられました。ところが、それだけのポジションになっても、偉ぶるところはまるでなく、セールス時代と同じような感覚で私に声をかけてくださっていたのでした。

突然電話がかかってきて、「ちょっと来てくれ」と言われ、何かと思ったら、「これがよくわからないから、意見を聞きたい」と言われたりする。日産自動車の営業のトップです。当時の私にとっては、雲の上のとんでもなく偉い人です。私が教えることなど何もないはずなのですが、謙虚にそう問われる。

料亭よりも安居酒屋

そしてもう一人、直接の上司ではなかったのですが、日産自動車を離れ、コンサルティング会社を経て入社した日本コカ・コーラ時代のボトラーの役員の方でした。

最初はパーティでお会いしたのですが、とにかく腰が低いのです。当時の私は三〇代。偉い人ばかりですから、明らかに「この若造が」という態度で接してくる人も少なくない中で、驚くほどの低姿勢で声をかけてこられました。

後で知ったのですが、実は大変な実力者でした。後に、その力を発揮して、経営者として、とても難しいと言われていたM&Aのプロジェクトを次々に推し進めていかれたのでした。それでも、腰の低さと謙虚さは、まるで変わりません。社内外に多くのファンがいました。

今もよく覚えているのは、「ちょっとメシでも食いに行こう」と誘われてついていくと、そこは学生がたくさんいそうな安居酒屋なのです。何千億円企業のトップですから、料亭でもどこでも行けたでしょうに、安居酒屋。そして、ごちそうしてくれるのです。領収書ももらわずに。

つまり、ポケットマネーなのです。人の心をつかむのがうまいなぁ、と思いました。料亭で会社のお金でごちそうになるより、はるかにうれしい食事でした。

リーダーになったら、威厳がないといけない。何でも知っていないといけないし、何でもできないといけない。そんなふうに思っている人も多いかもしれません。しかし、そんなことはまったくないのです。

むしろ最初から自分を大きく見せる必要はないと思います。なぜなら、次第に本当のことはバレてしまうからです。

何よりもありのままの自然体を見せたほうがいいのです。そうすると、「意外にこの人は……」ということになる。どちらのほうが印象がいいか、あなたにはもうおわかりだと思います。

5 挫折の経験が、人の痛みを想像できる人にする

「社長を目指して、頑張りたいと思います」

何十社と就職活動をした結果、初めての就職先に日産自動車を選んだのは、極めて単純な理由からでした。たまたま面接した日産自動車の大学の先輩がとても魅力的だったからです。この人がいる会社で働きたい、と思ったのでした。

しかしもちろん、必ずしもそういう人ばかりとは限りません。でも自分の直感を信じて日産自動車に決めました。

入社直後、新入社員が一人ひとり挨拶する場で、ごく自然に出てきたのはこの言葉でした。

「私は、日産自動車の社長を目指して、頑張ります」

サラリーマンとして会社に入れば、頂点は社長ですから当然、みんなが目指すべ

きものだろう、と。社長がどういうものなのか、まったくわかっていませんでしたが、サラリーマンとしては当然、目指すのは社長だと思っていたのです。

ところが、この言葉にネガティブに反応した人たちも少なからずいたのでした。嫌味っぽく、「何を言っているんだ、お前は」といった言い方をする先輩もいました。高い目標を持つことがなぜいけないのか、私にはよくわかりませんでした。

その後も、私は正しいと思ったことは、相手が部長だろうと遠慮なく言っていました。言いたいことをずけずけと言い放っていました。

ある部長に疎んじられて、誰もが行きたがらない部門に異動させられてしまったこともありました。「岩田、辞めるんじゃないぞ」と、自宅まで来て引き止めてくれた同期たちもいたほどです。異動してみると、たしかに、本流ではない、という空気が漂っていました。

しかし、おかげで私は自分を見つめ直す時間を得ることができました。そしてこの職場のときに、後の人生の大きな転機となる、留学という選択肢を考えるようになるのです。そのときの部長はとても応援してくれたのですが、たまたま異動してきた部長とソリが合わず、ひどい目に遭うことになりました。

上には徹底的に媚《こ》び、下には徹底的にひどい扱いをする上司、みなさんのそばにもいるかもしれません。まさにそんな上司に当たってしまったこともあります。結果的に精神的に参ってしまい、ノイローゼ寸前になってしまいました。他にも苦しい経験がたくさんありました。自動車のセールスに出向させられたこともそうです。

しかし、こうした苦しい体験、挫折体験は、私にとってかけがえのない経験になりました。こうした経験があるからこそ、私の意識や目線は大きく変わっていったのでした。人の痛みが想像でき、それを理解した上で行動ができるようになったのです。

部下は華やかな経歴など望んでいない

思えばそれ以前にも、挫折体験や苦しい体験をたくさんしていました。例えば、野球では、どんなに頑張っても試合に出られない時期が長く続きました。だからこそ、わかることがあるのです。

今も思い出しますが、大学時代、ピッチャーとしての出番がない中で、あるとき二〇対〇で大勝している試合がありました。こういうときこそ、控えの出番のはずです。ところが、監督は控えの選手を一人も出しませんでした。

控えからすれば、ほんのわずかでも、一打席でも、一イニングでも、試合に出られることが大きな喜びであり、大きな励みになるのです。二〇対〇で勝負が決まった試合であったとしても、です。ところが、一人の控えの選手も出してもらえなかった。私はとてもがっかりし、練習へのモチベーションが大きく下がったことを覚えています。

私は思いました。監督は、控えの経験がなかったのだろう、と。挫折体験、苦しい体験がなければ、挫折している人、苦しんでいる人の気持ちはわからないのです。それで、「ついていきたい」と思われるような人になれるかどうか。

ちなみに今でも私はソフトボールをしていますが、全員が試合に出られるかどうか、人一倍気になります。控えの気持ちは控えにしかわからないのかもしれません。もちろん試合展開にもよりますが、チームが一丸となって試合に取り組むためには、一人でも多くの控え選手を出すべきだと思っています。

リーダーといえば、華やかな経歴を持った人が少なくありません。だからでしょうか、エリートとして華やかな経歴が必要だと思い込んだり、挫折や苦しい体験を隠そうとしてしまったりする人がいます。私は、むしろ逆だと思います。

たくさんの挫折体験を持ち、苦しい体験を持った人こそ、リーダーになるべきなのです。苦しんでいる人の気持ちがわかるからです。その気持ちを理解した上で、行動ができるから。そんな人の痛みのわかるリーダーを待ち望んでいる人は、大勢いると思います。

6　現場、そして弱い人たちを大切にする

売り上げは「現場」で生まれている

スターバックスのCEOに就任したとき、私が「これだけは絶対に強化したい」と決めていたことの中に、お店を訪問すること、がありました。上場会社の社長ですから、三カ月先の予定も決まっているほど多忙を極めます。しかし、それでも店舗をできるだけたくさん訪問したかったのです。

社内外から、どうしてそんなにお店に行くのか、と聞かれたこともあります。でも、私自身はもっとたくさんお店を回りたかった、というのが本音でした。時間に限りがあり、思ったように回ることはできなかったのです。

さまざまな会議や来客など、多忙な中から優先順位を作っていくと、お店に行くという選択肢はどうしても下のほうになってしまいます。それでも忙しい時間を縫

って、お店に行くと本当に歓迎されました。本物の社長がやってきた、とびっくりするお店の社員が多くいました。そんな彼ら彼女らとのコミュニケーションは、私にとっては、大きな楽しみのひとつでした。

どうしてお店にこだわったのか。一〇〇〇億円の売上高のほとんどすべてはお店で生まれていたからです。お店のパートナー（スターバックスでは、CEOからアルバイトまで、すべての従業員のことをこう呼びます）のみなさんが、心をこめておいしいコーヒーを差し出すことが、一年に二億回積み重なって、一〇〇〇億円の売り上げができる。その最前線を重視せずして、何を重視するのか。

しかし、それ以上に気をつけなければいけないと感じていたのは、本社にいると、どうしてもその思いが弱くなってしまう、ということです。

ポジションが上になればなるほど、特に大きな会社では現場は遠くなってしまいます。それまでの経験で、私は痛感していました。何より日産自動車時代から、私自身が現場にいた経験を長く持っていたからです。本社は現場をしっかり見てくれていない、という思いが、現場では強くあります。

本社からの目が現場に向かわないとどうなるか。現場が動かなくなるのです。現場に与えられている権限は限られます。一般的に組織の中では、現場は弱い立場に置かれていることが多くあります。

リーダーというのは、そういうところにこそ、きちんと目を向けなければいけないと私は強く思っていたのです。

お茶を出してくれた人に、あなたならどう接するか?

私が面接などでリーダーとしての資質を見ようと思ったとき、この「強くない立場の人たちにこそ、しっかり目を向けられるか」を重視します。

そもそも偉い人たちには、多くの人が目を向けます。失礼のないように、粗相のないように、しっかりした対応を心がける。しかし、仕事は偉い人たちだけとの間で動いているわけでは決してありません。

むしろ、そうでないケースのほうが多いかもしれません。**リーダーに問われるのは、部下にいかに動いてもらえるか、ということです。より強く目を向けなければいけないのは、部下たちなのです。**自分より立場の低い人たちへの対応は極めて重要です。

だから例えば、採用のための面接を行うとき、私が注意深く見させてもらっているのは、面接の最中にお茶を持ってきた人に、相手がどんな態度を示すか、ということです。

面接の最中であってすら、お茶を持ってきてくれた人をきちんと気遣って、頭を軽く下げ「ありがとうございます」と声を出せる人がいます。逆に、自分をアピールすることに夢中になって、お茶を出してくれた人を無視する人もいます。さて、どちらが好印象でしょうか。

面接の中で出てくるお茶についてなんて、そんな細かなことを……、と思われる方もいらっしゃるかもしれません。

しかし、こうした基本動作ができない人に、部下への細やかな気配りでリーダーシップを発揮する、などということができるとは、私にはとても思えないのです。

人は他人を本当によく見ているものです。しかし、いつも自分が見られているということに、気がついていない人が少なくありません。

ましてや、立場の強くない人にどんな態度を示すかは、極めて重要なことです。

偉い人や上司の顔色を気にする以上に、部下や後輩への態度を見直しておく。強くない立場の人たちに、しっかり目を向けるという意識を持つ。

小さなことのように見えて、実は「ついていきたい」と思われるリーダーにとっては、極めて大切な行動なのです。

私は、人によって態度を大きく変える人を信じられません。

上司にはものすごく低姿勢であるのに、部下に対してはとても偉そうにするという人がいます。むしろ、上司に媚《こび》を売る人ほど、自分と同じような対応を部下に求めるのです。

私は相手によって態度を大きく変えることが嫌なので、相手が偉い人であってもそうでなくても、できるだけ同じように丁寧に接しようと心がけていました。

7　権力の恐ろしさを理解しておく

地位は権力ではなく、責任である

リーダーになるときに、絶対に忘れてはならないことがひとつあると私は思っています。

それは、「地位」というものの意味です。

世の中には、出世したい、地位を手に入れたい、という人も少なくないわけですが、なぜでしょうか。それは、地位を手に入れれば、より大きなことができるようになるから。給料も含めて、今より多くのものを手に入れられるから。もっと直接的な言葉でいえば、権力を手に入れることができるから、だと思います。

しかし、**強く認識しなければいけないことは、権力を手に入れるということは、同時に手にしなければいけないものがあるということです。それが「責任」です。**

地位が人を作る、という言葉があります。そういう面もたしかにあると思いますが、一方で地位に押しつぶされてしまう人もいます。不相応な地位を手に入れたために、不祥事を起こしてしまったり、部下からそっぽを向かれてしまったり。それは、このことをしっかり理解できていなかったからだと思います。

だからこそ、私はこう考えるべきだと思っています。「地位は権力ではなく、責任である」と。ピーター・ドラッカーがこのような意味のことを言っているのですが、とても深い言葉だと思います。

日産自動車はかつて、組合が極めて強い力を持っていました。人事評価も、組合の役をやれば最高の評価が付けられていました。組合活動を頑張った人が出世していく。そんな時代がありました。私は、異常だ、こんな権力はいずれ腐敗する、と思っていました。

組合に対して、いつも批判的なことを私は言っていました。そうすると、逆に組合組織に入れと言われてしまったのでした。内部から改革してみろ、と。そして二七歳で組合の青年部の役員に就任すると、いきなり八〇〇人を率いることになったのです。

甘い誘惑に打ち勝てる人が、地位を手にする

仕事の現場では、ぺーぺーで一番下の社員だったのが、組合ではいきなり八〇〇人のトップに立つ。自分の思いで八〇〇人が動く。気持ちがいいのは当然のことです。

しかし一方で、私は権力の恐ろしさを実感しました。何かの集まりがあれば、どうぞ役員はこちらへ、と持ち上げられる。みんなが自分に頭を下げてくれる。これでは、偉くなったように勘違いしてしまいかねません。しかも、会社でも出世が早くなるといいます。私は、これはとても怖いことだと思いました。

地位や権力を手に入れると、甘い誘惑が待ち構えています。接待交際費がたくさん使えるようになる。車がつく。給料が上がる。部下が一〇〇人になる……。一見するといいことばかりですが、それに飲み込まれたら、どっぷりと権力の世界にのめり込むことになる。ある意味、私は試されていたのでした。

地位を持つのと同時に、責任も背負うのです。

部下を一〇〇人持てば、その一〇〇人の幸せは、自分が握ることになります。動かせるお金も、びっくりする金額になっていく。

こうしたことについての畏れがなければ、とても危ない。責任を忘れて権力の誘惑に流されていくと、待ち構えているのは、不祥事や不正、また部下からの信頼を失うなど、悲劇的な結末だけです。

逆にいえば、そうした誘惑に打ち勝つだけの人格や人間性を備えた人だけが、本来は地位を手に入れるべきです。力もなしに、もし絶大な権限を持つ経営トップになどなったりしたら、会社も社員もメチャメチャになってしまうことはご想像いただけると思います。

経営トップを務めたいのなら、それだけ人間を磨いておかなければいけない、ということです。

人間を磨いておくことこそ、実はリーダーの最低条件なのです。

権力を持つことは、そのくらい恐ろしいのです。そしてその権力の恐ろしさと対《たい》峙《じ》するためにも自己修養し、権力には同時に責任があるのだ、と理解することが大切だと思います。

8 リーダーが発するべきは「ミッション」である

スターバックスにはサービスマニュアルがない!?

好印象の接客で高い評価をいただくことも多いのが、かつて日本法人でCEOを務めていたスターバックスです。

しかし、実はサービスマニュアルはありません。もちろんエスプレッソの入れ方や掃除の仕方などのオペレーションマニュアルはあるのですが、サービスに関するマニュアルは一切ないのです。

こんなエピソードがあります。お店の前で交通事故が起きてしまった。お店の窓越しに、ドライバーの主婦の方が慌てふためいているのが見える。警察に電話をして、震えながら到着を待っている。

それを見たアルバイトのパートナーがお店を飛び出し、事故を起こした女性に、そっと一杯のコーヒーを差し出した。どうぞ、これを飲んで心を落ち着けてください、と笑顔で。気が動転していた女性は、思わず笑顔で受け取って……。

これは、マニュアルに書けることではない、ということはおわかりいただけると思います。でも、とてもスターバックスらしいサービスだし、こういったサービスを会社としても称賛しています。

では、サービスマニュアルがないのに、どうしてこうした行動が取れるのか、おわかりでしょうか。それは、すばらしいミッションがあり、それが深くパートナー全員に浸透しているからです。

人々の心を豊かで活力あるものにするために——
ひとりのお客様、一杯のコーヒー、そしてひとつのコミュニティから

ミッションとは、「自分たちの存在理由」です。

スターバックスでは、常にその原点に立ち返ります。自分たちは何のために存在しているのか。そこに常に立ち戻ることができるから、マニュアルにとらわれない

サービスができるのです。

「三つの円」が重なるところにヒントがある

これは一般の組織でも同じです。

もしリーダーとして組織を率いることになったら、真っ先に考えるべきは、自分たちの存在理由（ミッション）は何か、ということだと思います。それが崇高なものであればあるほど、多くの人に響くものになります。

間違っても、売り上げを大きくする、利益目標を達成する、といった短絡的なものにしてはいけません。もっと本質的に部下や社員が頑張れる、世の中に役立つ何かの理由を見つける必要があります。自分たちの存在理由を見つけるのです。

実は私は日産自動車に入社して二年目に、日産自動車の経営理念（ミッション）は何だろうか、とふと思いました。まわりの部長や上司に聞いて回りました。ところが誰も日産自動車のミッションを答えられなかったのです。

ほとんどの会社は、経営理念のたぐいは作成していません。だからこそ、改めて自社のミッションをチームで話し合うべきだと思います。

『ビジョナリーカンパニー2』では、「針鼠《ハリネズミ》の概念」という名称で、会社が目指すべき方向性を示しています。「情熱をもって取り組めるもの」「自社が世界一になれる部分」「経済的原動力になるもの」の三つの円が重なる部分を、会社としては目指しなさい、と。針鼠のように、ひとつに集中してそこに向かいなさい、という意味です。

三つの円が重なるところは何なのか。それを考えてみる。

改めて自社のミッションが確認でき、方向性が決まれば、部下は自ら動き出してくれるようになると思います。

あなた個人のミッションは何か?

そしてこの考え方は、会社レベルではなくて、個人レベルのミッションを考える際にもいえるのではないかと私は思っています。

情熱とはつまり「好きなこと」、世界一とはつまり「得意なこと」、そして経済的原動力になるとはつまり「人のためになること」。その対価としてお金をもらうことができるのです。

「好きなこと」「得意なこと」「人のためになること」の三つの円の真ん中にあることを、個人のミッションにしてはどうかと思っています。

あなたも、ぜひ一度、自分のミッションについても考えてみてほしいと思います。

例えば、私は野球は好きだし、そこそこ得意ではあるのですが、私程度のプレーレベルでは人を楽しませることはできない。人のためにはならない。当然、誰もお金を払ってはくれません。だから、私の場合は、「二つの円」しか重ならず、野球は趣味にしかならないということです。

しかし、イチロー選手のプレーは、お金を払ってでも見たいと思わせるレベルです。野球が好きで、得意で、さらに人を楽しませ、人のためになることができる。超一流の野球選手になり、ファンを楽しませることが、イチローさんのミッションだったのではないでしょうか。

9 トイレに行く姿まで常に見られていると意識する

リーダーのパッションは伝染していく

初めて社長を経験した会社は、アトラスでした。事業再生のまっただ中で、社長としてもなかなか大変でした。多くの問題があって、考え事をすることも少なくありませんでした。あるとき、びっくりするような話が社内で噂《うわさ》されていることを知りました。

「トイレで見かけた岩田社長が、なんとも元気のない姿だった」というのです。

私は特にしょんぼりと元気のない姿をしていたわけではありません。考え事をしながら用を足していたのです。ところが、その姿を社員が見て、元気がない、と思い込んでしまったのでした。

ああ、社長というのは、トイレに行く姿まで見られているのだと、そのときに改めて痛感しました。

しかし実際のところ、リーダーの様子というのは、部下から見れば相当に気になるものです。リーダーの姿勢は、組織にどんどん伝染していきます。リーダーがクヨクヨしていたら、みんながクヨクヨしてしまうのです。

だから、**大切にしなければならないのは、常に「長期的には、何とかなる」と楽観的であることだと思います。部下の前では、「一%でも可能性があるのであれば、絶対にいけるぞ。大丈夫！」という気持ちを持ち続けることです。**

そしてそれを表に出していく。パッションとして示していくのです。

もうひとつ、ネガティブなワードをできるだけ吐かない、ということも大切だと思います。

あるとき、友人の国会議員の朝食会に呼ばれました。その場で、ゲストスピーカーの国会議員が冒頭こう言って話を始めました。

「僕はみんなの前で話をするのが苦手なんです」

私はがっかりしてしまいました。せっかく朝早くから話を聞こうとしているのに、いきなりそれはないだろう、人前で話をすることは政治家のとても大切な仕事だろう、と。

そのときにこう思ったのです。うまいか下手かは、聞いてみないとわからないが、自分で言うことではない、と。でも、ついついエクスキューズのように、そういうことを人は言ってしまいがちです。言い訳的にちょっとだけ、前フリをしてしまう。そうすれば、何かが起きても許されると考えるのです。

苦手だから、といったことだけではありません。昨日たくさん飲んだから、あんまり寝ていないから、ちょっと最近は忙しくて……。こういうネガティブな言葉はやっぱり言わないほうがいい。

虚勢は張るな、弱音は吐いてもいい

ただ、無理をする必要もないと私は思っています。

もちろん楽観的ではいたいけれど、そんな場面ばかりではありません。だから、表向きは楽観的だけれど、実は内側では悲観的に準備している。そういう姿がリーダーには必要です。長期的には楽観し、短期的には悲観する。そのバランスが大切だと思います。

また、リーダーは完璧でなければならない、と考えて、虚勢を張ったりすべきではないと私は思います。むしろ、それはマイナスになってしまうこともあります。組織は一人では動かないのです。**いくら虚勢を張ったところで、できることには限界がある。それよりも、みんな支えてくれ、というスタンスを大切にすること。**特に大きな会社では必要だと思います。

もっといえば、時には弱音を吐いてもいいと私は思っています。

もちろん信頼できる部下を選ぶ必要はあります。

これもアトラス時代ですが、あるとき一緒に出張に行った事業部長の一人に、二人きりの車の中で、実はこんなことで悩んでいる、と弱音を吐いたのでした。すると、彼は、「私はついていきますからね」と慰めてくれたのです。それは間違いなく本音だったと思います。

以来、ちょっと距離があるな、と思っていた距離感がとても近くなりました。いろいろな形で、サポートしてくれるようになりました。スターバックス時代にも、まったく同じような経験をしました。

リーダーは時には、信頼できる部下には弱味も見せていいのだと、このときに知ったのでした。

それがむしろ、まわりからの「ついていきたい」という気持ちにも、つながっていくのかもしれません。

第2章

リーダーは、饒舌でなくてもかまわない

「ついていきたい」と思われるリーダーの「コミュニケーション」

有能なリーダーを目指すなら、コミュニケーション能力と温かい心の両方を持たなければならない。

［アニータ・ロディック］

10　日々の言動が信頼関係を作る

部下は三日で上司を見極める

これまでのリーダーのイメージを捨て去ってほしい、と書いてきました。オレについてこい、とグイグイ引っ張るカリスマリーダーとは、違うリーダーの像があるのだ、と。それを「第五水準」のリーダーと説明しました。

常に謙虚で、支持されるリーダーこそ「第五水準」のリーダーです。では、他のリーダーと、どこに違いが出てくるのでしょうか。

それは、部下との信頼関係の強さではないかと私は思います。普段から、部下と良好な人間関係ができている。それが深い信頼関係につながっている。

では、こうした関係を、どうやって築くのでしょうか。

私が心がけていたのは、何より積極的なコミュニケーションでした。コミュニケーションといっても、饒舌《じょうぜつ》になる、ということではありません。話すことがコミュニケーションだと勘違いしている人は実は少なくないのですが、必ずしもそうではありません。

例えば、部下の話を聞いてあげる。しかも、メモを取りながら。これも大切なコミュニケーションです。

もっといえば、リーダーの態度そのものが、部下には何かのメッセージになりうると私は思っています。リーダーが何に喜ぶか、何に怒るか、そういうことを部下はしっかり見ているものです。そこから、部下は何かのメッセージを読み取ろうとしているのです。

つまり、**リーダーの日々の言動、さらには仕事ぶりそのものが、コミュニケーションになっている。**

部下は三日で上司を見極める。上司が部下を見極めるには三年かかる。そんな言葉があります。部下は、上司をしっかり見ています。そのくらい見られていることを、リーダーはしっかり肝に銘じておかなければなりません。ですから時には、良きリーダーを演じることも必要です。

人間として正しい判断をしなさい

今でもよく覚えている出来事があります。先に紹介した日産自動車時代の尊敬する上司の話です。生意気だった私はあるとき、会議で先輩社員と意見が衝突したのでした。どう考えても私の意見のほうが正しい。私はそう確信していました。会議に出席していた他のメンバーの中にも、そう感じている人は少なくないはずだ、と思っていました。

ところが、その上司は私の意見ではなく、先輩の意見を採り上げたのです。私は腹を立てました。どうして正しい私の意見ではなく、正しくないと思える先輩の意見を採用したのか、と。しかし、上司はこのとき理由を何も言いませんでした。

後になって、私はこのときのことを思い出して、あれは先輩を立てたのだ、ということに気づきました。

もし、会議で若い後輩に言い負かされてしまったら、先輩には立つ瀬がなかったはずです。仕事をする意欲を失ったかもしれない。ばつの悪さで組織での居心地が悪くなったかもしれない。上司はそこまで考えたのだと思いました。

年功序列意識も薄くなった今どきのドライな発想でいえば、「先輩だろうが、後輩だろうが、そんなことは関係ない。正しい意見を採用するべきだ」と思うかもしれません。実際、そうしたほうがいい場面もあるでしょう。しかし、そうしないほうがいい場面もあるのです。

組織に対して大きな影響力を及ぼさないような案件であれば、それは天秤《てんびん》にかけるべきです。先輩の顔をつぶしてでも、正しい意見にこだわって組織の雰囲気を悪くするか。それとも、組織の雰囲気を守ろうとするのか。その判断がリーダーの腕の見せどころだと思います。

何も考えないリーダーは、あっさりと前者を選んでしまうのかもしれません。でも、人間関係というのはそう簡単に割り切れるものではないと私は思います。

時には先輩を立て、救ってやることも必要になる。そういうことを部下に教える、という意味合いにおいても、リーダーが果たすべき役割は小さくないと思います。

後で振り返ってみたとき、やっぱりすごい人だったんだな、と改めて思いました。私自身が、今でもあの意見自体は正しかったと思っていますから、なおさらです。

でも、もし今の私がそのときの上司の立場だったとしても、私の意見を却下したでしょう。少なくとも、どちらの意見が正しいか、軍配は上げなかったと思います。

きっと上司は私とは違う、もっと高い観点から判断したのだと思います。

組織として正しいことの前に、人間として正しいことをした、といってもいいかもしれません。

そういうことに、実は人は敏感に反応するのです。

11 言葉ひとつで部下のやる気は変わる

「お前が失敗しても、日産はつぶれない」

日産自動車時代のその上司の言葉で、今も忘れられないものがあります。これは、私自身の仕事人生を左右したといってもいいほどのものでした。そしてこの言葉のおかげで、私は全力で仕事に立ち向かえるようになれたのです。

一年間の工場での生産課実習を終えて、本社の購買管理部技術課に戻り、系列の部品メーカーの生産性向上活動や、TQC活動のお手伝いをすることになりました。といっても、入社二年目の若造です。何をしていいのかもよくわからない。すると、今でも尊敬している上司がこう言ったのです。

「お前が失敗しても、日産はつぶれないから、思い切ってやってこい」

ハッとさせられました。たしかにその通りだと勇気づけられました。未熟な自分が部品メーカーの経営者にこんなことを指摘していいのか、こんな無知な若者が何かを提案していいのか……。誰でも萎縮してしまうものです。しかし、上司の口から出てきたその言葉で、私はとても勇気づけられたのです。そして、その上司は必ず後で陰からフォローをしてくれていました。

実際、担当した系列会社の中では、「この若造が」と露骨に嫌な顔をする会社もある一方、私の熱意を受け入れてくれる会社もありました。最初は戸惑われていたものの、現場の人と一緒に油まみれになりながら毎晩遅くまで討議していると、リーダーを務めていた役員の方から突然こんな言葉をいただきました。

「わかった。これから考えるところは、岩田さんに全部任せる」

こちらの懸命さが伝わったからだと思います。それからさまざまな活動で深夜まで現場の人と作業方法を見直したり、機械レイアウトの変更をしたりしました。寒い真冬の現場。夜中に一緒に食べた、あたたかい屋台のラーメンの味は今も忘れられません。

その後、この会社は日産品質管理賞、さらには名誉あるデミング賞を受賞しました。

たったひとつの上司の言葉が、萎縮することなく、伸び伸び仕事をすることを可能にしてくれたのです。それだけの言葉を、リーダーは発することができるのです。

「火花が散る瞬間」はいつだろう?

もうひとつ、この上司の言葉で覚えているものがあります。それは、車体の生産工場に一緒に出かけたときのことでした。上司は私を、溶接工場に連れて行ってくれました。ロボット溶接でパチパチッと火花を散らしてAパネルとBパネルがくっつく。それが繰り返されていきます。そこで上司はこう言ったのです。

「いいか、岩田。このラインの中で、付加価値を生み出しているのは、火花が散っている、あの瞬間だけなんだ。だからそれ以外、在庫管理をしたり、モノを動かしたり、打ち合わせをしたりするのはすべて無駄だという目で現場を見ろ」

要するに、何をするにしても、本質的に付加価値を生み出している一番大切な瞬間を見逃すな、ということだと私は理解しました。

会社の中ではいろいろな仕事がある。会議や書類作成など、みんな忙しそうにしているけれど、それぞれの本質的な仕事として本当に付加価値を付けられているのか、火花が散る瞬間はいつか、ということをいつも意識しろということです。

会議をするにしても、モノを運ぶにしても、書類を作成するにしても、火花が散る瞬間はいつか……。

以後、どんな仕事をするにしても「火花が散る瞬間」を意識するようになりました。

ビジネスにおける付加価値を生み出す瞬間。それを知ることは、本質的にビジネスを理解することだと思ったからです。とても貴重な言葉を、私は上司からいただいたのでした。

例えば、小売なら、火花の散る瞬間は現場、つまりお店にあります。みなさんは、どんなシーンをイメージしますか。シンプルに思い浮かぶのは、レジがチーンとなるあの瞬間か。いや、「ありがとうございました」とお客様を送り出す、あの瞬間か。

スターバックスのCEOになったとき、私がイメージした火花が散る瞬間は、カウンターでドリンクが渡される瞬間でした。レジで注文したコーヒーが準備され、別のカウンターでお客様に渡される一瞬。そこにすべてが集約されていると思いました。

おいしいコーヒー。自信を持って送り出すパートナーの心からの笑顔。素敵なBGM。スポットライト……。もとよりスターバックスのお店のコンセプトは「サードプレイス」。家でも会社でもない第三の場所。心地良い場所です。あのドリンクを渡される瞬間こそが、スターバックスのミッションの達成を象徴するシーンだと思いました。

だから、あの瞬間にみんなの意識を向けないといけない。いかにパートナーが輝いてドリンクを渡せるか、それを考えるべきだ、と。

あなたもぜひ、「火花散る瞬間」つまりミッションが達成される瞬間を常に意識してみていただきたいと思います。それは、そのビジネスの、あるいは仕事の本質を考えることでもあるのです。

12 リーダーのほうから部下の意見を積極的に聞く

「一緒にやっていこう」という姿勢を打ち出す

第五水準のリーダーの基本スタンスをわかりやすくいえば、「オレについてこい」ではなく、「みんなで一緒にやっていこう」ということになるでしょうか。そして、その旗印となるのが組織のミッション（あるいはパーパス）ですが、ミッションを決める前に、あるいはミッションを一緒に考えていく上でも、重要なことがあります。

それが、部下の声を聞き、一緒に作っていく、ということです。

カリスマ的なリーダーをイメージしている人には、このスタイルも意外なものに映るかもしれません。最初からトップダウンで、「こうするぞ」と発信していくのがリーダーではないか、と。

しかし、私はそうは思いません。部下が何を考えているのかを理解せず、勝手にリーダーが何もかも決めていいものでしょうか。

部下は、一緒に目標に向かっていく仲間なのです。ならば、一緒にミッションから考えればいい。みんなの話を聞いてみるべきだと思います。

実際のところ、部下も話をしたいと思っているのではないかと思います。

あなたはどうでしょうか。部下として、上司に言いたいことがあったりしたのではないでしょうか。しかし、言える機会もないし、言える雰囲気もなかった。そのために言い出せなかった……。そういう人も多いのだと思います。

「オレについてこい」的なカリスマリーダーを求める傾向は今なお強いですし、リーダーの側も、そういう方向に向かってしまいがちです。そうすると、どうしても部下は萎縮してしまう。

それこそ、先輩や上司を立てようとして、言いたいことも言わないで済ます、といった「美談」も起こってしまいかねません。それは、本人のためにも良くないし、良いアイディアを受け入れ損なったチームにとってもも大きな損失です。

ここで問われてくるのが、リーダーの姿勢です。もとより部下からは意見をしにくいものです。だからこそ、リーダーの側から近寄っていく必要があります。ぜひ意見を聞かせてほしい、と自ら声をかけるべきだと思います。

会議では、若い社員から順に意見を聞く

例えば会議の場でも、私はできるだけ気をつけるようにしていました。

上司が先にしゃべってしまったら、部下は上司に合わせてしまいがちです。目上の人とは違う意見を言いにくい。しかし、部下から先に意見を言ってもらうと、自分の本音の意見がすんなり出てきたりします。

なぜ会議で意見を聞くのかといえば、多様な意見をぶつけ合うことで、よりいい結論、いい考え方が生まれるから。必要なのは、たくさんの異なった意見です。

だから、**私は自分の意見を言う前に、必ず先に部下から意見を聞くようにしていました。**そうすると、部下独自の意見が出てきます。できれば、年次の低い社員から聞いていく。リーダーが指名してあげるのです。そして、リーダーは最後にしゃべる。

また、こうすることによって、今まで座っているだけだった若手もいろいろな意見を考えるようになります。

その上、積極的にいい意見が出てくるように、メモを取るようにしていました。小さなことかもしれませんが、自分の言っていることを、上司がメモしてくれている。これは部下にとっては、極めてうれしいことです。一所懸命にあなたの意見を聞いている、という部下へのメッセージにもつながります。

若い社員の声を聞く。若い社員を頼りにする。そういう姿勢も、「ついていきたい」と思われるリーダーになるための、大切な取り組みだと思います。

13　二つの就任演説から学んだ、聞く人をイメージして話すこと

ビジネススクール用語が連発の就任演説

リーダーのコミュニケーションといえば、私には忘れられない思い出があります。ひとつは失敗談。そしてもうひとつは、その失敗からの反省をふまえて学習したエピソードです。

社長を初めて経験することになったアトラスでは、私はかなり張り切っていました。会社が厳しい状態にあったこともあり、自分の力でこの会社を何とか立て直すんだ、と強い意欲を持っていました。

社長に就任するにあたり、就任演説を社員の前でする機会がありました。ここは最初の頑張りどころだ、今までと違った、自分の考えをしっかり見せないと、と私は思いました。そこで出てきたのが、ビジネススクールで学んだ知識や言葉でした。

これからは企業価値経営が求められている。キャッシュフロー経営が重要だ……。

ところが、目の前で立って聞いてくれている一〇〇人ほどの社員から、まるで反応がありません。身体《からだ》はそこにあるけれど、魂はここにはない、といった状態。私は、一所懸命に話を続けたのですが、途中でハッと気づきました。

会社の経営というのは、こういうことではないのだ。キャッシュフロー経営とか、株主価値経営とか、そんなことを言ったところで、実際には誰も動いてはくれないのです。

ましてやアトラスはエンタテインメント企業でした。クリエイターやプランナー、プログラマーやデザイナーなど、専門職の人たちもたくさんいました。彼らにとって、そんな話に興味が持てるはずがありません。

彼らが関心を持っていたのは、私がどうやってこの会社を立て直し、その後にはどんな明るい未来が待っているのかという、私の生身の言葉だったのだと思います。

女性社員が涙を流しながら聞いてくれた就任演説

この失敗を強烈に覚えていた私は、次に社長就任演説を求められたザ・ボディショップで、同じ失敗を繰り返してはなるまい、と誓いました。ただ当時のザ・ボディショップも、厳しい状況にありました。

業績低迷で九〇億円あった売上高は六七億円に落ち込んでいました。社員は萎縮している様子。社員同士の人間関係もギクシャクしているようでした。従業員満足度調査の結果は最悪。社内には縮小均衡の負のスパイラルがありました。

社長就任までの二カ月間、イギリスのザ・ボディショップの創業者デイム・アニータ・ロディックの著書『BODY AND SOUL』(ジャパンタイムズ)を繰り返し読み、店舗訪問し、社員とじっくりコミュニケーションを交わしていきました。そして、就任後最初にみんなを集めてお話ししたのが、次の「社長就任挨拶七つのお願い」でした。

一．一緒に働ける縁を大切にしましょう
二．ともに人間成長しましょう
三．社長が交代しても具体的な行動を起こさなければ何も変わらない。「一人ひとりが変革に参画する」気持ちで、会社を良くしていきましょう！
四．社長ではなく現場を見て仕事をしよう。現場重視・小売の原点に戻って仕事を振り返りましょう
五．接客の気持ち：自分の大切な友人を自宅に招く気持ちで接客しましょう
六．Back to the Basics　創業の原点に戻り、バリューズを大切に。常にフィードバックシステムを仕事に取り込みましょう（ＰＤＣＡサイクル）
七．ブランドはお約束。ザ・ボディショップが目指すブランドにすべての仕事が有機的につながるよう細部にこだわりましょう

手応えを感じたのは、語りかけている最中に、何人かの女性社員が涙を流して聞いてくれていたことです。自分たちがしてほしい、さらには、したいと思っていたことを聞くことができたからではないかと思います。

社員はみんな、ザ・ボディショップというブランドが大好きだったのです。だから正しい方向に導いてあげれば、力を発揮するはずだと思っていました。実際、後に日本のザ・ボディショップは、大躍進を遂げることになります。

この心からの一所懸命な言葉、生身のコミュニケーションが、会社を大きく変えるきっかけとなったのだと思います。

14　意識するのは、とにかく「わかりやすさ」である

部下にとことん愛情を持つ

アトラスのときと、ザ・ボディショップのときの就任演説は、何が違ったのか、おわかりでしょうか。

失敗と成功を分けたのは、聞く人をどれだけイメージできていたか、聞く立場にどれだけ立てたか、ということでした。

何より大きな違いは、社員にとってわかりやすい話、具体的な話だったかどうか、ということだと思います。**リーダーとして部下に話をするとき、最も重視しなければならないのが、この「わかりやすさ」だと思います。**

振り返れば、本当にありがたいことなのですが、ザ・ボディショップでも、スターバックスでも、「岩田さんのメッセージはわかりやすい」とよくお店の人から言ってもらえました。それは私にとっては、大変な褒め言葉でした。

実際、ザ・ボディショップ、スターバックス時代は、お店のマネージャーをイメージしてメッセージを発していました。相手の立場に立って、難しい言葉は決して使わない。とにかく、わかりやすい言葉を使おうとしていました。

また、自分が店長なら、どんな情報がほしいだろうか、どんなことを聞きたいだろうか、といつも考えていました。聞く側の立場になって、どういうことに興味を持つのか、常に意識していました。

オープンにできる情報なら、できるだけオープンにしました。なぜなら、それを知りたいだろうと思ったから。相手の立場に立ち、相手への愛情があれば、そういうことも想像できると思います。

リーダーが部下に愛情を持っていれば、自然に何をすればいいかが見えてくる。

私はそう思っています。わかりやすい言葉で発することもそうですし、みんなに元気になってもらえるような話をしたい、という思いもそうです。思いが、コミュニケーションに表れるのです。

キャッチーなフレーズを作る

もうひとつ、私が意識していたのが、キャッチーなフレーズを作ることでした。目指す方向があるときや、何かのプロジェクトを進めたりするときに、私はよくキャッチーなフレーズを作って、それを旗印にしていました。

ザ・ボディショップのときには、お店のスタッフの採用や教育において何を目指すべきか、その旗印として「アニータ一〇〇人計画」というフレーズを作りました。創業者のアニータのような、楽しく、情熱を持ってお客様に接する人が一〇〇人いれば、売り上げはすぐ倍増するだろうと思っていました。だから採用のときもアニータをイメージする。社員教育に関しても、いかにしてアニータを作っていくかを考えてほしいと思っていました。アニータを愛していた社員はたくさんいましたから、これはイメージしやすく、とても喜んでもらえたフレーズでした。

また、「お客様を大切な友人のようにお迎えしよう」といったスローガンも作りました。もしお客様にとって必要な商品がない場合は、他のブランドの商品を紹介しても良いとまで言いました。このように、キャッチーな言葉は印象に残ります。

また、「CSよりもES」という言葉も社内で評価をもらえた言葉でした。これは、カスタマー・サティスファクション（顧客満足）よりもエンプロイー・サティスファクション（従業員満足）が大切、という意味です。もちろん顧客の満足度を高めるのは当然のことですが、そのためにまず従業員満足度を上げていこうということです。初めての従業員の満足度調査で低い結果が出ていましたから、この取り組みが、やる気を大きく変えると思っていました。

「顧客満足度よりも従業員満足度を先に実行しよう」ということなのですが、これでは長ったらしいし、小難しく見えます。そこで「CSよりもES」という短いフレーズを選んだのでした。この旗印もあって、さまざまな取り組みが社内で進み、会社は従業員のことを考えてくれているのだ、という社内での認知も大きく広がり、後に従業員満足度の急激なアップへとつながっていくことになりました。

総称としてのお客様はとても大切だけれど、一人のお客様と一人の社員とを比べたら、一〇〇万倍社員のほうが大切である。もし理不尽なお客様がいて社員を困らせているのなら、さっさと帰っていただきなさい。他にお客様は無限にいるのだから、という話もしました。

スターバックスでは、「一〇〇年後も光り輝くブランド」という言葉を掲げました。スターバックスは、とてもすばらしいブランドであり、会社でした。だからこそ、外資系にありがちな、四半期ごとに売り上げ云々《うんぬん》など、短期的、業績的な打ち出し方はしたくありませんでした。

目先のことではなく未来も見ていこう、一〇〇年後にも光り輝くブランドにするにはどうすればいいのか、それをみんなで語り合いたかったし、それが可能なブランドだと心底思っていました。実際に、お店のパートナーたちは、「スターバックスをどんな会社にしていきたいのか」を真剣に話し合ってくれました。

また、採用に力を入れて「採用した新卒から二〇年後にCEOを出す」という方針も掲げました。もっともこれには、外部からCEOを取るのが常識の外国人幹部は首をかしげていましたが……。

シンプルでキャッチーなフレーズを作る。それは、チームや組織にやろうとしていることを浸透させ、勢いをつけられることだと思います。

リーダーのコミュニケーションでは、とても大切なことです。

15 思いは文字にすると伝わる

マネジメントレターでメッセージを送る

ザ・ボディショップ時代、毎週月曜の朝に朝礼を行っていました。しかし、本社にいるスタッフは七〇名ほど。他のスタッフは、店舗にいます。私は、自分がお店のスタッフだったら、きっと離れ小島にポツンといるような寂しい感覚だろうな、と思いました。本社で何をやっているかわからないからです。

本社からは月に一回か二回、スタッフがお店を巡回してはいました。しかし、社長をはじめ、社内にいるスタッフにはなかなか会えるものではない。会社はどこに向かっているのか、自分たちは今どこにいるのか、そういうこともわからないだろうと思いました。

そこで、情報共有の意味もこめて、本社で行う月曜の朝礼の原稿をすべて文字に落として、マネジメントレター（社長からのお手紙）として原則同日配信でお店にも送っていました。

そのときどきの考えていることの他に、会社の業績、目標の達成状況、イベント、気がついたこと、いいと思ったこと、悪いと思ったこと、そして最後に「今週の一言」というコーナーを作っていました。これは、自分がリーダーとして元気づけられた言葉を、書きためておいたノートから抜粋したものでした。特に、このコーナーが好評でした。

お店のマネージャーは、まさにリーダーの一人。でも、大変さは本社のスタッフの大変さとはまた違います。お客様に直接対峙《たいじ》し、かつ若いアルバイトのスタッフ二十数名、スターバックスであれば五十数名を率いて人事管理、労務管理もする。さらに売り上げ責任もあって、きっといろいろなことに悩んでいる。ある意味、社長の私より大変な仕事だと思っていました。

だから、励ましのメッセージを発してあげたかったのです。お店のリーダーが読んだら、少しでも元気になるようなメッセージを選んで送ろうと思っていました。

実際、とてもうれしいことに、お店ではマネジメントレターを心待ちにしている様子でした。本社の朝礼では、他の役員が話しているとき、こっそり後ろから見ていたことがあるのですが、実は聞いていないスタッフも少なくありませんでした。

中には、お化粧をしている女性もいたりしました。

ところが、お店の人たちは、一所懸命に読んでくれているのです。お店回りをしていると、バックルームの壁に貼ってあったりします。「先週、すごく感動してみんなで泣いちゃったんです」なんて声を聞いて、また頑張って書こうと思ったことが何度もありました。

月曜の朝のレターですから、いつも日曜の夜に書いていました。毎週、書くのは大変でしたが、ザ・ボディショップでは四年間三千文字程度書き続けることができました。スターバックスでは、月一、二回、二年間。大変さもありましたが、やって良かったと心から思っています。自分の思いや会社の方向性を伝えることができたと思います。

もし自然災害があって、水や食料を求めている人がいたら差し上げてください、と書いたことも覚えています。スターバックスの社員である前に、人間として正しい判断してほしい、私も必ずサポートします、と。

できることなら、じかに言葉で伝えるほうがいいに決まっています。しかし、それができないとなれば、他の方法を考える必要があります。身近でリーダーの言葉を聞ける人は別ですが、そうでない人も、リーダーの言葉が聞きたいのではないかと思います。

ならば、書いて送ってあげればいい。マネジメントレターは、コミュニケーションの重要なツールになりえると実感しました。今なら、ビデオレターならなお喜ばれると思います。

大切なことは何度でも繰り返す

そして書いたものの大きな効能は、繰り返し読める、ということです。人は一度言えばわかる、なんてことはまずありません。覚えたり、習慣にすることは、実は極めて難しい。だから、何度も何度も語りかける必要があります。そこに、書く意味が出てきます。

ザ・ボディショップでも、スターバックスでも、何十回と私の同じ話を聞いた、という社員も少なくないと思います。しかし、大切なこと、言わなければいけないことは、何回、何十回言ってもいいと私は思います。

それこそ、何十回も出てくる言葉こそ、最も本質的なこと、といえるかもしれません。だから、過去に言ったかどうか、など気にせず口に出し、紙に、メールに、ウェブに書いたほうがいいのです。

不思議なもので、部下も、あるときは受け入れられなかったことが、あるときにはふっと受け入れられたりします。そのときどきの精神状態や重ねてきた経験によって、同じ話が違って受け止められたりするのです。

だからこそ、繰り返し伝える意味がある。遠慮なく、繰り返すべきだと思います。最近フェイスブック上で連絡が取れたザ・ボディショップのスタッフから、「岩田さんからのメッセージをいまだに手帳にはさんでときどき見ています」といううれしいメールをいただきました。書き続けることは大変でしたが、本当に良かったと思っています。

16 「あなたらしくない」「あなたでさえ」という叱り方をする

自尊心を傷つけない叱り方をする

繰り返して伝える、といえば、ザ・ボディショップの社長時代、こんなことがありました。ザ・ボディショップは環境保護のポリシーから、シールを貼るだけの簡易包装をお客様にお願いしています。資源の節約に理解をいただけるお客様が多かったので、袋をお渡しすることもそれほど多くはありませんでした。

ところが、あるマネージャーの日誌に、「今月は出た袋の枚数が多い。コスト削減のために簡易包装をお願いしなければ」という記述があったのです。それを見たとき、これは違うと思いました。コスト削減のために簡易包装をしているのではなく、環境に優しいザ・ボディショップの理念を守るためにやっていたことだったからです。

ところがいつの間にか、もともとの理念を忘れてコスト削減のツールになってしまっていた。伝えることの難しさ、理念を守ることの難しさを改めて痛感したのでした。

なぜ、これをやっているのか。本質的なことは繰り返し言わないと、こういうことが起こりうるのです。

そしてここは、しっかり叱らないといけないと思いました。ザ・ボディショップの根幹に関わるような話だったからです。マネジメントレターに書くだけではダメだ、と。

このときは、全店を管轄していた責任者に、もう一度原点に戻るように注意しました。そのとき、どのお店のマネージャーの日誌だったのかは、私は明らかにしませんでした。実際、名前もチェックしませんでした。それよりも、一人いれば、同じ発想をしていたスタッフが他にもいるだろうと危惧しました。

後で聞けば、クレームも入っていたというのです。雨の日に、袋を持たないお客様に簡易包装をお願いしてしまった、と。でも、雨の日では、袋がなければお客様も困ってしまう。それ以外でも、どう見ても袋が必要なお客様だっておられる。

これも、徹底が必要だと思いました。何が大切で何を優先しなければならないか、繰り返し繰り返し言い続けなければなりません。

部下を叱るときにも、注意していたことがあります。

自尊心を傷つけない叱り方をする、ということです。

私がよくしていたのは、「あなたらしくない」というニュアンスで話をすることでした。大きな期待をしているあなただから、きっとできたはずなのに、どうしてなのか、と。

やっかいな問題のときには、「あなたでさえ」というニュアンスで指導しました。あなたでさえ、できなかったんだね、よほど大変な問題だったんだろうね、という言い方で話を導いていく。

ただ、一所懸命やっていてのミスとは違うケースもあります。例えば、ずるいやり方をしようとしていたり、適当に物事を済ませようとしたり、何よりも本人に悪いことをしたという自覚がないとき。そうした、人として間違った行動を取ったときには、大きな声で真正面から怒鳴りました（一年に一度あるかないかですが……）。

絶対にしてはいけないことには、リーダーは声を荒らげても怒りを表すべきだと思います。そうでなければ、まわりに悪影響を与えてしまいかねないからです。

何か指摘をするときは、まず褒めてから

何か指摘をする、という場面もリーダーには少なくありません。ただ、指摘というのがくせ者で、叱られていると取る部下もいる。また、直接、指摘をするとヘソを曲げてしまうようなこともあります。

ですから、**何か指摘をするときには、何かを肯定し、褒めた上で、「こうしてほしい」という言い方を心がけていました。**

褒めるのはあまり得意じゃない、という人もいるようですが、それは改めたほうがいいと思います。褒め過ぎて困ったことは、私は一度もありません。

とりわけ現場の人たちや立場の弱い人たちには、意識して大きく褒めるようにしていました。こまめに、小さなことでも、ありがとう、という声をかける。すごい

ね、と褒める。しかも、できるだけ、みんなの前で。そうすることで、褒めてもらえた、という自信が生まれます。

また、褒めることで「期待しているよ」という気持ちを伝えることもできるのです。

一人を褒めるということは、他の人たちを叱っている効果もあります。他の人たちができていないから、その人を褒めるのです。みんなを叱るより、一人を褒めたほうが雰囲気は良くなります。

言葉を発するときは、想像力を巡らせる

リーダーからの一声は、部下にとっては極めて重要です。「ドンマイ、ドンマイ」と励ましを言わなければいけないところで、「何をやっているんだ」と言ってしまうリーダーがときどきいます。

部下に何かが起きたとき、もし自分だったら、どんなふうに接してほしいか、ちょっとだけでもいいので想像力を働かせてみるべきだと思います。

それから、人によって発する言葉を変える。コミュニケーションの仕方を考えて

みる。いきなり頭ごなしに、何も考えずに思いのままを発言してしまうのは極めて危険です。

そんな面倒なことはせず、叱り飛ばし、怒鳴り散らす上司もいます。威圧感で組織を制圧する。一見、こうしたやり方は楽で簡単なように見えます。誰も反抗しないし、マネジメントもしやすいように思える。

しかし、とんでもない落とし穴が後に待ち構えています。それは、「裸の王様」になってしまうということです。リーダーに対する恐れから、誰も本当のことを言わなくなります。リーダーは真実がつかめなくなるのです。

そして、指示待ちの部下が増えます。部下が成長せず、自ら考えるようになってくれなければ、リーダーの仕事は減りません。結局、自分が困ることになるのです。

そもそも威張り散らしているリーダーでは、「ついていきたい」とは部下は思わないでしょう。

一度、叱り方、褒め方を意識してみてはいかがでしょうか。

17 大勢の前でうまく話すには、とにかく準備をすること

原稿を用意し、しゃべる環境を確認しておく

リーダーのコミュニケーションといえば、人前で話すことを思い浮かべる人も多いと思います。ましてポジションが上がっていけば、大勢の人の前で話をしなければならなくなることが増えていきます。どうすれば、大勢の前でうまく話すことができるのか、私もよく聞かれることがあります。

まず大切なことは、しっかり準備をすることです。メモや原稿を作ること。しかし、実はそれだけでは足りません。一度、私は手痛い失敗をしたことがあります。

アトラスの社長時代、ある新型ゲーム機の発表会がありました。そこで、メインゲストスピーカーとして話をすることになっていました。原稿は用意しました。ただ、暗記しようとまでは思いませんでした。何気なく原稿を見ながら話せるだろう

と思っていたのです。私の想定は目の前に台があって、そこに原稿を置いてしゃべればいい、というくらいのものでした。

ところが、実際の舞台に立ってみると、台がなく、原稿が置けないのです。おまけに、暗い会場でカメラのフラッシュがあちこちから一斉にたかれ、目の前が真っ白になりました。

やがて私の頭の中も真っ白になりました。それでもスピーチをしなければなりません。本当にしどろもどろ、何を言ったのかすら、まったく覚えていません。まさに大失敗のスピーチでした。

このときにわかったのは、どんなシチュエーションで話すことになるのか、台があるのかないのか、マイクを使うのか否か、原稿を見られるのか、そういう細かなことまで、できるだけ情報収集をしておくことの重要性です。そうすることで、安心することができるのです。当日、パニックになるようなことはなくなります。

最低限の準備はしていたけれど、最後の詰めが甘かったのでした。以後はあの二の舞にならないように、あの恥はもうかかないように、と綿密な準備をしています。

緊張せず人前で話すための三つの方法とは

人前に出ると緊張する、という人も少なくないかもしれません。もちろん私も緊張します。大きな会議や、大切な会議、みんなの前で話すときには、やはり緊張します。

では、どうやって緊張をほぐすのか。

人前でしゃべっていると、聞いてくれている人の姿が案外よく見えます。そうすると何人か、一所懸命に聞いて、自分の話にうなずいてくれる人がいるものです。そういう人の存在に、どれほど勇気づけられるか、これは人前で話したことのある人ならわかると思います。

だから、**うなずいてくれる何人かを早く見つけるのです。そして、その人たちに向かって話しかけるのです。**

大勢に向かって話していると、怖い顔をしてにらみつけてくる人や、全然興味がなく眠そうにしている人もいて、面白くないと思っているんじゃないか、きちんと伝わっているんだろうか、など不安がいっぱい押し寄せてくるものです。

ところが、その中の話を聞いてくれている一人に話しかけるつもりになると、意外にリラックスできるものです。

それから、**「コンテンツ」と「熱意」があれば何とかなるさ、と開き直ること。**先の「お前が失敗しても、日産はつぶれない」という話ではありませんが、仮にここでスピーチが失敗したところで、組織がつぶれるわけではない、という腹の決め方も大切だと思います。そのくらい腹が据わっていれば、緊張も少なくなります。

後は、**原稿は用意するものの、読もうとしないことです。**あくまでもお守りがわりにしておく。大筋が合っていれば細かな言い回しは気にしないで、その場で思いついたことをお話しすれば良いのです。「心から出たものは心に注がれる」のです。

つかみは「普通のおじさん」

今はもうあまり緊張しなくなった私にとって、スピーチをスムーズに行うとっておきの方法は、出だしに気をつけることです。ネタを用意したり、イメージしておく。出だしさえ調子良ければ、後は順調にいくものです。逆に最初から詰まってしまったりすると動転してしまい、後までずっと尾を引いてしまうことが多くあります。

最初の部分、いわゆる「つかみ」をしっかり考えておきます。私が講演でよくするつかみは、冒頭に書いた「ごく普通のおじさんだった！」というものです。スターバックスの元CEOが講演すると聞いた。経歴を見ると、すごい。どんなすごい人が出てくるのかと思ったら、おじさんが現れた。

いや、そうなんです。私はただのおじさんです。それでもラッキーなことに、スターバックスの社長になれました。努力した結果、ここまで来ることができました。だから私の話を聞いてほしいんです……。

もちろん、事前にどんな人たちが来ているのか、主催者が何を期待しているのかなどの情報を取っておき、臨機応変に対応することが大切なのはいうまでもありません。

この「つかみ」は非常に効果的です。

そもそも緊張の裏側には、自分を大きく見せたい、という気持ちがあるものです。しかし、自分を大きく見せてしまうと、その分まわりからの期待も大きく、プレッシャーも大きくなっていくと私は思っています。

ならばいっそのこと、自分から大きく見せるのをやめてしまえばいいのです。むしろ、小さく見せてもいい。そうすることで緊張は小さくなります。

虚勢を張る必要はないのです。

庶民派リーダーでいいのです。本当の自分は、そこにこそあるのですから。

そんな自然なコミュニケーションで、まわりの人は十分、ついてきてくれるのです。

第3章

リーダーは、部下と飲みに行かない

「ついていきたい」と思われるリーダーの「マネジメント」

リーダーに選ばれることは、王冠を与えられることではない。他のメンバーの実力を最大限に発揮させる責任が与えられるのだ。

［ジャック・ウェルチ］

18 ピッチャーとサード、どちらが偉いか？

リーダーは、偉いわけではない

スターバックスのCEOを務めていたとき、お店を積極的に回ろうとしていましたが、多くのお店で同じような光景に出会うことになりました。おそらくどこの会社でも同じだと思いますが、社長がお店に来るなど、めったになかったのでしょう。私が行くと、お店のスタッフがガチガチに緊張しているのです。中には、震えてしまうスタッフもいました。話しかけても、緊張でまともに会話ができない。

そんなとき、私はよく大好きな野球にたとえて、こんな話をしていました。野球でピッチャーとサード、どちらが偉いか考えても意味がないでしょう。CEOの私は、ひょっとしたらピッチャーかもしれません。

でも、ピッチャー一人で野球ができるのかといえば、絶対にできない。キャッチャーがいたり、ファーストがいたり、サードがいたり、レフトやライトや、ベンチのメンバー含めて必要なメンバーが集まって、ようやく野球ができる。会社もそれと同じなのだ、と。

たまたま今は、私はCEOというポジションで、みなさんはお店というポジションを守っているだけ。それだけの違い。単なる役割の違いなのです、と。

実際、それは間違いのない事実でした。

一〇〇〇億円の売り上げは、お客様の単価が五〇〇円とすれば、二億回の「ありがとうございました」がお店で言われることで生まれているのです。

私の給料もそのおかげでもらえているのだと心底思っていました。自分が休んでいるこの瞬間でも、お店の人たちは立ち仕事で一所懸命、心をこめて商品を売ってくれている。どんなときでも感謝の気持ちを持っていました。

もちろん役割上、お店のスタッフに何かを求めたり、厳しいことを言ったりすることもありますが、自分のほうが偉いのだ、という気持ちは一度も持ったことがありませんでした。これはきれいごとではなく、その前に社長を務めたザ・ボディショップのときも、そう思っていました。

思えば、社長に限らず、日産自動車でも、日本コカ・コーラでも、それなりのポジションをもらえたりするようになっても、自分が偉いとか、優秀だとか、そういうことを思ったことはありませんでした。それこそコンサルティング会社のジェミニ・コンサルティング・ジャパンでは、退職するときにアシスタントの女性から「話しやすい、一番庶民的なコンサルタントでした」とお手紙をもらったのを覚えています。

「みんなを幸せにしたい」が原動力であるべき

会社にいる勤務時間中は、社長として例えば挨拶を求められたり、最初に何かをしたりするというのは当然やらなければならないことだと思っていましたが、仕事が終わったら、もうそれはないと思っていました。アフターファイブの飲み会でも「岩田社長、一言ここでしゃべってください」、帰りでも「社長から先にタクシーに」などと言われることもありましたが、そういうことはとても嫌でした。

会社を離れた瞬間に、普通の一対一の人間に戻るべきだと思います。あくまでも、会社におけるポジションに過ぎない、ひとつの役割を担っているのであって、人間までが偉いわけではまったくないのです。

ところが、そこで残念ながら、勘違いする人が出てきてしまう。上のポジションなのだから、むしろ、偉そうにしなければいけないと思っている人がいたりする。仕事を離れてもなお、上のポジションとして扱われることを求める人もいます。

持つべきは、そうした妙なプライドではなく、リーダーとしての使命感です。**「みんなを幸せにしたい」という思い。これこそが、リーダーの最大の原動力でなければなりません。**

私自身、この使命感のみで社長を務めていたといっても過言ではありません。

そしてこの使命感は、責任感とセットになります。みんなを幸せにしなければいけないのは、リーダーの責任なのです。

時には辛《つら》いこともある。思うようにいかないこともある。わかってもらえないことだってある。でも頑張らなきゃ、みんなは現場で頑張ってくれているんだ、と思って奮い立つ。

リーダーとは、そういう存在でなければならないと思います。

19 部下に関心を持つことから始めなさい

部下の部下にまで気を配る

組織のリーダーとして部下を持つときには、まず何より大切なことがあります。それは、部下に関心を持つ、ということです。

逆に何よりいけないのが、関心を持たないこと。**興味を持たれていない、関心を持たれていない、というのが、部下としては一番辛いことです。**

難しいことではありません。いつも気にかけてあげる。なんとなく寂しそうにしていたり、元気がなかったり、逆に明るい雰囲気だったり、ゴキゲンだったりするとき、一声かける。それだけでも「あ、関心を持ってもらっているんだな」とわかります。

思えば日産自動車時代から、私はどういうわけだか、受付の女性やアシスタント職の女性に仲良くしてもらっていました。コピー室で、コピーを取っていたりする女性がいると、必ず話しかけていたからかな、などと思ったりしました。

後に退職するとき、職場でもらった寄せ書きに「岩田さんが何気なくかけてくれた一言で救われました」という言葉をいくつも見つけたことを覚えています。

そもそも顔を見れば、相手の状況はなんとなくわかるものです。疲れた顔をしていれば、やっぱり声をかけてあげたくなりますし、新入社員であれば、「大丈夫ですか、慣れましたか」と言ってあげたくなります。

ポジションが上がっていけば上がっていくほど、こうした姿勢は重要になると私は思っています。例えば部長になったとき、部下の課長ばかりを見ているのは、問題だと私は思います。部下の部下となる、課長の部下についても関心を持たないといけない。なぜなら、部下の部下も、自分の大切な部下なのですから。

ひとつ下のポジションには気を配れるけれど、さらに下のポジションには関心を向けていない。これでは、部下に不満が生まれてしまうでしょう。

社長になっても同じです。現場のスタッフにまで、どのくらい関心を持てるか、気を配れるか。その意識が問われてきます。

社長はちゃんと見てくれている。自分たちのことに関心を向けてくれている。それを感じるだけで、スタッフのモチベーションは圧倒的に変わっていきます。

そして同時にこれは、いろいろな情報収集の場にもなります。どんな企業でも社長の耳には入れたくないことがあります。また、業績を悪化させたり、社員のやる気をなくすような原因が現場で生まれたりします。社長が現場まで行って、直接関心を持っていることを伝えれば、そうしたリスクを明らかに減じることができると私は思っています。

関心を持っているよ、ちゃんと見ているよ、というメッセージは、悪い情報をいち早く見つけるための「抜き取り検査」にもなりうるのです。

飲みに行かなくても本音が聞ける関係を作る

部下との関係を円滑にするために、お酒を飲みに行くことが大切だ、と思っている上司やリーダーも少なくないようです。お酒の場であれば、くだけて、リラックスして話もできて、本音も聞くことができるのではないか、と。

でも、私はそれでいいのかなと思っています。大切な話だからこそ、お酒の場ではなく、しらふの場でしっかり聞き、あるいは話し合うべきです。もっといえば、お酒など飲まなくても、本音が聞けるような関係を作ることこそが大切です。

だから、無理に部下と飲みに行くような必要はないと私は考えます。

ましてや大勢の部下を引き連れて飲み歩くなど、ありえないことでした。仕事の場は仕事の場、プライベートの場はプライベートの場なのですから。

会社を出れば、ポジションはもうないのです。偉いも何もない。一対一の、ただの人間関係があるだけなのです。

個人的に飲みに行くことはたまにありましたが、それは仕事や会社の延長ではありませんでした。あくまで個人として飲みに行ったのです。

そして同様に、飲みに連れて行かれるときも、個人として飲みに連れて行ってもらえることがうれしかった。だからこそ、先に書いた、安い居酒屋だけれど、さりげなくポケットマネーで奢《おご》ってくれた取引先の方が、かっこいいと思えたのです。

上司になったら、部下と飲みに行かなければいけないんじゃないか、などと思っているなら、むしろそれは逆です。**飲みに行かなくてもいいような関係を日頃から作っておく努力こそが求められるのです。お酒に逃げては、いけないのです。**

お酒が飲めなくても、お酒を飲みに行かなくても、部下に「ついていきたい」と思われるリーダーはいます。むしろ、お酒に頼らない人間関係を作ろうとする意識こそ、必要だと私は思っています。

20 常に味方になり、重視するべきは現場である

自分に近い人ほど厳しくする

現場を常に意識してきた、という話は何度もしてきましたが、これにははっきりとした理由があります。

まず、現場はまさに会社を支えている場所だという感覚が私にはあることです。付加価値を生み出す「火花散る瞬間」は現場にこそあるからです。

そしてもうひとつ、従業員すべてに等距離に接したい、という思いを強く持っていました。お店のアルバイトでも役員でも、等距離で接すべき仲間です。しかし、役員は毎日のように顔を合わせますが、現場の人たちはそうではありません。

等距離に接したいのなら、近づく意識を強く持っておかないと、どんどん遠くなってしまいます。だから、現場を重視することでバランスを取ることができるわけです。常に立場の弱い、現場の味方をするくらいでちょうどいいのです。

同じように、現場には優しくしますが、自分に近い人ほど厳しくすることを意識していました。これもバランスを取るためです。

残念なことに、ポジションが上がれば上がるほど、現場を軽視したり、現場感覚が弱くなったりする人が出てくるのも事実です。だから、現場の人たちは守ってあげないといけません。社長の自分がサポートをしてあげないと、という意識も強かった。

スターバックス時代も、お店に行けば「困ったことはないですか」と常に聞いていました。そうすると、実際に声が上がるのです。電気が切れたのだけれど、と頼んでから一カ月になるのにまだ対応してもらっていない……。そんなことも起こっていたとわかった。

本社はそれなりにお店のことを考えてやっているのに、現場に行ったら違って伝わっていたりもします。だから、伝える努力が必要だし、伝える新しい仕組みが必要だと思っていました。

会社がせっかく現場のことを考えて施策を打ったり、費用を投下しているのに、現場が評価してくれないのでは、大きなマイナスです。やっていなくて評価が悪いのも問題ですが、現場のためにいろいろ努力しているのに現場から評価してもらえないのは、もっと悪いと思います。

現場に行かないと見えないことがある

実際、現場に行き、現場のスタッフと話さなければわからないことがあります。それは、業務のことだけではありません。

ザ・ボディショップ時代、とても頑張ってくれたスタッフを昇格させました。本人も喜んでいました。昇格と同時に契約社員から社員になり、ボーナスも出るようになりました。

ところが、彼女が泣きながら連絡をしてきたのでした。「私は何か悪いことでもしたんでしょうか」と。聞けば、昇格したのに給料が大きく下がってしまった、というのです。契約社員は年俸の一二分割ですが、社員になるとボーナスが出ますから単純に一二分割ではない。トータルで年収は上がっていたのに、ボーナスがあるために、毎月の見た目の給料は減ってしまっていたのです。

ボーナスが四カ月分出るから毎月の給料は減ることになりますが、年間を通じたら年俸は上がります、と人事から話をきちんとしておいてくれれば良かったのです。それを怠ったために、頑張ってくれていた社員に大きなショックを与えてしまいました。もちろん人事の責任者に、これからは事前にしっかり説明するようにお願いしました。

会社がやろうとしていたことと、まるで逆の結果をもたらすことになってしまったわけです。現場から聞かなければわからないことがたくさんある。現場としっかりリレーションを取っていないと見えてこないことがある。

こういうことがあるから、リーダーはしっかり現場に目を向けていなければいけないと改めて思ったのでした。

もうひとつ、日産自動車時代にこんな出来事がありました。あるとき、ドアの窓メーカーからの納入が滞り、このままでは自動車生産工場のラインが止まりかねない、という事態になりました。ラインが止まったりすれば、一分一〇〇万円ともいわれる大きな損害が出る。そこで窓ガラスを製造するメーカーを見てこい、と私は言われたのでした。

その窓メーカーに行って驚きました。ラインが止まるかもしれない、などという危機感は窓メーカーの現場にはまるでなかったのです。一刻も早く窓ガラスを、と日産本社では大騒ぎになっていたのに、驚くべきことに窓メーカーでは出荷にあたって一枚一枚、じっくりと窓の指紋を拭いていたのでした。後工程で指紋など間違いなくついてしまうわけですから、そんな必要はないわけです。それより早く出荷してほしかった。

ところが、日産自動車の厳しい検査がそれを求めていて、指紋がついていたら受け取ってもらえないから、と窓メーカーは言いました。日産自動車のほうがおかしかったのです。余計なことをさせていたことが、結果的に自分たちに降りかかってしまったのです。

実際に現場に行かなければ、現場を重視しなければ、現場の味方をしなければ見えてこないことがある。リーダーは、それを肝に銘じておかないといけません。

21 仕事を頼むときは、「Ｗｈｙ」から始めなさい

使命感が持てるような頼み方をする

組織でリーダーを務めるときは当然、部下に仕事をお願いしなければいけない場面が出てきます。

このとき、ただ「これをやっておいて」とお願いしただけでは、部下はなかなか真剣に仕事に向き合えないと私は思っています。なぜなら、その仕事に対する使命感がわき上がってこないからです。

例えば、ひとつの資料を作るにしても、そこにどういう意味があるのか、何のためにそれが必要なのか、それが理解できれば、部下はまったく違う気持ちで仕事を受け止められると思います。

単に「仕事の下請け」として扱うのではなく、全体を動かすための重要な仲間と

して扱う。背景をできるだけ説明して仕事をお願いする。そうすることで、部下としてもやる気が違ってくると思います。

このプレゼン資料はどんな場で、どんな人を対象に、どんなことを目的として必要としている。だから、いついつまでにほしい。この資料は、優先順位はBランクで、それほど急ぎではない。こんなふうに伝えないと、仕事を頼まれている側も、どのくらいのスピードで、どんなものを作っていいかわからないはずです。

別の言い方をすれば、「What」(何を)だけではなく、「Why」(なぜ)と「How」(どのように)、「When」(いつ)をきちんと伝えてあげる、ということです。

仕事をお願いするときには、全体における仕事の意義や意味を言ってあげる。この仕事の背景を、なぜこれが必要なのか、説明してあげる。

思えば日産自動車時代から、部下や後輩には、単に「これをやっておいて」「これを計算しておいて」「この表をまとめておいて」ではなく、「これは部長会の資料として必要なので」「部長からはこんなことが求められていて」「これは少しもめそうだから事前に役員へ説明しておきたいので、経営会議の前日までに」という背景を説明していました。それは、部下にとっても勉強になると思ったからです。

それをしておかないと、部下が必要のない細かな部分にやたらとこだわってしまったり、逆に高い精度を求めている資料に簡単な計算ミスがあったり、急ぎでほしかったのに細部に時間を取られてなかなか進められていなかったり、というようなことが起きてしまうのです。

しかしそれは部下の責任ではない。きちんと背景を、「5W1H」を伝えていなかった、上司の責任だと思います。

逆に背景をきちんと説明しておけば、「関連したあの資料も付けておきました」などと、さらに付加価値の高い資料にしてくれることが多くありました。

必ずまずは褒めてから、指摘をする

仕事を部下に頼んだときに、もうひとつ。上司としてチェックする際に、心がけていることがありました。

何か指摘をしたいと思ったときも、まずは肯定してからにする、褒めてからにする、ということです。

良い資料ができた、と上司に持っていったものに、いきなりダメ出しされては部下もがっかりします。上司はついつい気になるところにばかり目が向かってしまうものですが、まずは褒められるところを探してあげるべきです。

それこそプレゼン資料のときなどは、私はよく、まずは良くできているスライドを見つけて褒めるようにしていました。「きれいだね」「わかりやすい絵だね」と。その上で、「もうちょっとここはこうしてみようか」と指摘していく。

褒めた上で、でもこうしてほしいね、という言い方をする。これを習慣にしていました。

このワンクッションで、頼まれた仕事への部下のやる気や使命感は大きく変わっていくのです。

必ず褒めてから、指摘する。ぜひ、覚えておいてもらえれば、と思います。

22 評価は「上・横・下」の全範囲から見て下す

意見は部下の部下に聞いてみる

組織のリーダーにとって、重要な仕事のひとつに部下の評価があります。しかし、これがなかなか簡単なことではない。

しかも、ポジションが上になっていけばいくほど、難しさは増していきます。なぜなら、部下の本当の姿がなかなか見えてこなくなるからです。

実際、上にばかりいい顔をする、という人が存在します。なのに、部下にはひどい対応をしたりしている。私も実は、そういう人を何人か見てきました。そして、ひどい目に遭ったこともありました。

私が見てきた経験からいえることは、上にゴマをする人は、下にもゴマをすらせる傾向があるということです。上には腰低く対応するけれど、部下の前ではふんぞり返って偉そうにする。つまり、自分のやっていることと同じことを部下に要求するのです。

そして、自分にゴマをすってくれる人間を重宝する。

あるときそれに気がついたので、自分で部下の評価をするときには、部下の部下の意見も聞かないとダメだ、と思うようになりました。

上司にしてみれば、ゴマをするまでいかなくても、自分にいい顔をしてきてくれる部下に、もちろん悪い気はしません。自分のことをきちんと理解してくれて、フォローもしてくれている。そんな見方もできる。

ところが部下の部下に聞いてみると、大変傲慢に接していたり、私の前では見せないような態度で私の悪口まで言っていたりした、なんてことがわかったりする。そういうことが実際に起こりうるのです。

もちろん私自身も批判は謙虚に受け止めなければいけませんが、部下を評価するときにはそうした二面性をしっかり見ないといけないと思っています。上に対しては低姿勢を見せ、下に対しては偉そうにする。そうした二重人格者は意外に少なくないからです。

部下の部下だけでなく、身近な同僚に聞くのもひとつの方法です。私は、自分の秘書さんに「あの人はどう？」などと、気になる人について聞いていました。その評判を聞いて事実を確認したところ、問題が多かったので、ある本部長に辞めてもらったこともあります。

上から見えている状態と、横ないし下から見えている状態は往々にして違う。だからリーダーは、評価についてはできるだけ情報を広範囲から得るべきだと思います。

誰が出世するか、究極のメッセージは人事である

あなたも、上にゴマをすり、媚《こ》びている人たちが出世していく、という場面を見たことがあるかもしれません。

それこそ部下の声をしっかり聞いていない上司であったとするなら、イエスマンで自分にゴマをすってくれる部下と、そうでない部下のどちらを昇進させるかとい

えば、やはり自分にいい顔をしてくれる部下ということになってしまうでしょう。

とても残念なことですが、上を気持ち良くさせる「サラリーマンスキル」に長《た》けた人は、やはり昇進も早かったりするのです。

「そこまで評価するほどの人か」と思える同期が、自分よりはるかに評価されていて「お前も見習え」なんて言われたりすることもあったりします。若くして抜擢《ばってき》されたり、花形の部門に異動したり。

しかし、長く仕事人生を送ってきてわかったことは、サラリーマンスキルでは、やはり限界がある、ということです。

途中までは出世が早くても、そこで止まってしまう。途中までは行くけれど、本当に上までは行けない。やはり、どこかで本当の実力、本当の人間性が見えてしまう、ということだと思います。

その意味では、組織というのはやはりしっかり見ているのです。それなりの人間でなければ、より大きな役割や責任は委ねられないのを知っているのです。やはり、まともな会社では能力だけではなく、人として徳のある人が選ばれていく、というのが私の印象です。

この会社はどんな人材を登用し、出世させるのか。それは実はトップからの、究極のメッセージでもあるのです。「やっぱり、あの人なら」なのか、「なんで、あいつが」なのか。

どういう人を重用するのか、人事は会社や経営トップのメッセージそのものだと私は思っています。ゴマをする人が出世すると、社員はみんなゴマをするようになります。

いろいろな会社を見ていると、「なんでこの人がこのポジションなの!?」と驚くこともあります。私は任命責任というものも厳しく問われるべきだと思います。

部下は評価や登用をしっかり見ています。「ついていきたい」と思われるリーダーは、それを意識しながら、評価や人事を行っているのです。

そのことを忘れないようにしたいものです。

23 大きなビジョンは「直感」で作っていい

いつも創業の原点に立ち戻ってみる

組織のリーダーになれば、細かなマネジメントの前に、まずは大きなビジョンを打ち出さなければならないケースもあるでしょう。部下と話し合いをしながら決めていく方法もありますが、リーダーが自ら決めなければいけない場面もあります。部下も注目する中で、どうやって大きなビジョンを考えるべきか、頭を悩ませる人も少なくないと思います。

しかし、私はこれは直感、もっといえば感覚的なものでいいと思っています。**確たる裏付けやロジックがなくても、今の組織に最も必要なことというのは、なんとなくわかるものです。**

むしろそうした直感や「ここが問題なのではないか」という感覚的なものを、大切にしたほうがいいと思います。

例えば、初めて社長になったアトラスでは、「まずは夢を語らなければいけないな」と私は直感的に思いました。確たる裏付けがあるわけではありませんでした。ただ、会社は非常に苦しい状態。プリクラブームが去って、次にどうすればいいのか、途方に暮れるような空気が社内にあったのです。

もともと会社には、創業の原点があります。アトラスの場合、それが何だったかというと、「遊び心」でした。そうした、ワクワクドキドキする空気をもう一度、取り戻さなければいけない。吹き荒れていたリストラの嵐から、夢のステージに持っていきたかったのです。それで「ワクワク、ドキドキする創合エンターテインメント企業」を目指すビジョンを発表しました。

私は、次の成長の芽として、製造を中止していたプリクラマシンの開発、八年ぶりの看板ゲームソフトの開発、まったく新しい大型ゲームセンターの出店を打ち出しました。それを機に社内ムードは次第に変わっていくことになりました。

ザ・ボディショップも業績の悪化に苦しんでいましたが、直感的に思ったのは、アニータの創業の原点や社員の思いと、会社の方向性が合っていない、ということでした。ブランドビジネスが見かけ上のものになっていて、地に足のついたものになっていなかったのです。

神は細部に宿る、ではありませんが、重要なのはお店の最前線の取り組みです。ブランドは、顧客のお店での体験が生み出すもの。あらゆる場面が、ブランドを形作っているのです。接客しかり、商品説明しかり。

ザ・ボディショップが大好きで働いていたスタッフは、それがよくわかっていました。実際、お店に行ってみると、自分が思っていた通りだと思いました。彼女たちのパッションに火をつければ、間違いなく再生できる。

このとき、浮かんできたのが、「年商一五〇億円を目指そう」という大きなビジョンでした。当時は売上高が激減して六七億円になっていました。ここ数年一〇〇億円を目指そうとして、到達できていなかった。

私が社長になって最初に経営企画室へした質問は「日本におけるザ・ボディショップの可能性はどれくらいか？」というものでした。エリアごとの出店可能数、世界におけるザ・ボディショップのシェア、日本におけるワンブランドの平均的な売り上げなどを調べたところ、だいたい一四〇億円ぐらい、という答えが出てきました。

そこで、「じゃ、それなら一五〇億円を目指そう。一〇億円は気合だ！」と決めたのです。ただし、成長のスピードを考慮し、三年ないし五年で達成する、と期間に幅を持たせました。

私はこのブランドなら必ずいけると思いました。アニータの理念をしっかり守り、正しいことをすれば、必ず達成できる、と。

当時は私以外、誰一人達成できるとは思っていなかったと思います。でも、私は絶対にできると信じていた。実績が少しずつ上がり、一人二人と同じ夢を見る人が社内に増えていきました。その後加速がつき夢が現実に近づきました。結果として、四年で一四〇億円近くまで売り上げを伸ばすことができたのです。

大きな目標を作るから、できる達成がある

スターバックスは、社長就任時に売上高が約九六六億円でしたが、大きく二〇〇〇億円という数字を出しました。

CEOになる前に部長クラス五〇人ほどにインタビューしましたが、その最後に必ず「自分の直感だけど、スターバックスはすばらしいブランドだし、地方に出店の可能性もあるから、二〇〇〇億円ぐらいまで、成長することができると思う。あなたはどう思いますか?」と聞いてみました。すると、全員がいけると思うと言ってくれました。

理屈はまったくありませんでした。すばらしい企業文化を持っている、二〇〇〇億円にふさわしいブランドだと思ったから、出てきた数字でした。

細かい理屈は措《お》いておいて、中長期的なビジョンは、直感でいい。本当にそうだったのです。

もちろん、二〇〇〇億円は、自分が社長に在任中にはできない数字だと思っていました。でも、それでいいのです。

ただ、大きな目標を掲げたことで、ムードが大きく変わるのも、事実なのです。

実際、ザ・ボディショップはわずか四年で一三八億円にまで売上高を伸ばしました。これは、スタッフみんなの頑張りがあったからなのは当然ですが、一五〇億円という数字を掲げたことも大きかったと思っています。できると思えば出店もするし、人の採用もする。目標に向けて、動き出すのです。そうしたら、どうしても届かなかった一〇〇億円をあっさり突破してしまったのです。

直感で出てきたビジョンだったからこそ、ややこしいことは考えず、立ち向かえたともいえます。

中長期的な大きなビジョンに関しては、必ずしも細かな理詰めでなくてもいい。数字的な根拠がなくてもいい。

リーダーの夢や直感で決めていいと私は思っています。

24 リーダーは結果責任がすべてである

結果は、半年後から出すと考える

リーダーとして組織やチームを変わったり異動することも、企業内ではよくあることだと思います。もちろん、そうしたときすぐにでも結果を出したい、と思うのが人の常でしょう。しかし、それほど簡単に結果がついてくるとは限りません。

これは特に意識していたわけではありませんでしたが、どの会社でも結果が出始めるようになったのは、半年経《た》った頃だったように思います。アトラスでも、ザ・ボディショップでも、スターバックスでもそうでした。

やはり最初の半年間というのは、わからないことも多くあるものです。ある程度の知識も身につけなければなりません。また、思ってもみないことに直面したり、意外な対応に追われたり。

ところが、半年経った頃から様子が変わっていきました。ザ・ボディショップでは、半年後から三二カ月連続で予算を達成することになりました。スターバックスは、対前年比をずっと割り込んでいたものが、ほぼ半年で底を打って右肩上がりに反転していきました。

大きなビジョンを旗印として立てて、施策をいろいろ変えていったり、みんなの気持ちを変えていったり、そうした準備期間として、やはり半年はかかる、ということだと思います。

ただし、目に見えて効果の出ることであれば、すぐに実行するべきです。いわゆるクイック・ヒットというものです。

リーダーとして異動したら、三カ月でおおよその概要をつかむことです。そして、ひとつでいいのでクイック・ヒットを必ず出す。そしてビジネスプランでもいいですし、新たな戦略の構想を発表する。そして次の三カ月で、それを実践に移す。

こうした準備が実際に実ってくるのが、ちょうど半年後。むやみに焦る必要はないと思います。

部下の場合は結果以上にプロセスを評価する

リーダーに求められるのはもちろん結果責任です。とりわけ経営者となれば、一切言い訳はできません。そういう覚悟でなければ、経営はできないと私は思っています。

しかし、**評価する側に立てば、ある程度は部下のプロセスを見てあげないといけません。**

もちろん部下にとっても結果は重要ですが、それだけではないと私は思っています。

例えば、特殊な要因がある場合も少なくない。急激な円高になれば輸出に関わる事業は厳しいのが現実です。そういった不可抗力も加味した上で、やるべきことをやっている人は、それなりに評価してあげることが必要です。

忘れられない思い出が、日産自動車時代にあります。私はセールスとして販売会社に一年半の間、出向していました。来る日も来る日も飛び込み営業を続け、それでもなかなか車が売れないという苦しい時期を過ごしたのですが、それでも最後は出向者歴代最高の販売記録を作り、日産自動車の社長賞も受賞できました。

そして本社に戻るとき、販売会社の社長がみんなの前で褒めてくれたのです。

全社員を集めた場で、「岩田は誰よりも多く名刺を配った。普通の人の一〇〇倍の、二万枚配った」と言っていただきました。

この褒め方が、私はとてもうれしかった。

車を何台売った、ではない。それはあくまで結果に過ぎません。

名刺二万枚というのは、それだけがむしゃらに、必死に顧客の元に出向いたという、まさにプロセスなのです。その社長は、結果を出すまでのプロセスをちゃんと見てくれていたのでした。この人は、後に日産自動車の常務に抜擢される人でした。

私自身も社長になって、部下の仕事ぶりを見るときには、プロセスを強く意識するようになりました。「これは一所懸命やったな」と思えば、結果以上に評価しました。

ザ・ボディショップ時代、店舗開発担当者が飛び込みで店舗を見つけてきてくれたことがありました。不動産会社を一軒一軒回って、いい物件がないか探し、一軒のお店を見つけてきてくれたのです。

ザ・ボディショップほどのブランドであれば、売り込みが次々にやってきます。本社にいれば、物件を持ち込んでくる不動産業者に会って、話を聞いて、いい話が出れば見に行けばいいのです。ところが、飛び込みをやりながら自らの足で店舗を見つけてきてくれたのです。

実際のところ、物件そのものは満点というわけではありませんでした。それでも私は、絶対にここで店を開こう、と言いました。これまでにない、自分の足で探すというやり方で、頑張って店を見つけてきてくれたのです。ここで評価してあげることこそ、会社として何を大切にしているかを示すチャンスだと思いました。

このときは、みんなの前で褒めました。飛び込みで一軒一軒、汗をかきながら不動産会社を訪問して、お店を見つけてきてくれた。ここにこそ、仕事の大きな意味があるのだ、と。そして担当者自身、とても喜んでくれました。

部下の場合はプロセスを見てあげる。それは、部下の仕事へのモチベーションを大きく高めることにもなるのです。

25 「to do good」よりも、「to be good」になりなさい

「仕事はできるが、人間性が良くない」部下に注意する

リーダーは、どんな人を評価すればいいのか。わかりやすいひとつの考え方を、ご紹介しておきたいと思います。

仕事が「できる」「できない」を横軸に、人間性が（もっといえば性格が）「いい」「良くない」を縦軸にマトリックスを作ってみてほしいのです。

「仕事ができて、性格がいい」「性格はいいが、仕事はもうひとつ」「仕事はできるが、性格が良くない」「仕事もできないし、性格も良くない」の四つのゾーンができます。

リーダーにとって最もありがたい部下は誰かといえば、もちろん「仕事ができて、性格がいい」という部下でしょう。では、次にありがたいのは、どのゾーンか。

「性格はいいが、仕事はもうひとつ」というのは、上司にとってみれば手間がかかるように思えますが、そうでもないのです。なぜなら、得意な部分を見つけて伸ばしてあげればいいだけだから。むしろ、教育のしがいがあるというものです。

実は最もやっかいなのは、「仕事はできるが、性格が良くない」ゾーンなのです。ここに属する部下を持ったときに、リーダーは苦労します。

「結果さえ出していれば、何も文句はないだろ」と平気で言ってきたりする。協調性もなく、リーダーの言うことも聞いてくれない。平気でチームの和を乱してしまったりする。それでも、ちゃんと自分の結果を出している、と自己PRもうまい。

さらに、もっと気をつけなければならないのが、会社のためと言いながら、裏で計算高く保身だけを考えている人です。

こういう部下を評価したり、抜擢したりしてもいいものか。私の答えはノーです。もっというと、ある程度のところまでは任せられても、それ以上は任せられない、といったほうがいいかもしれません。結果的に、周囲が困るからです（私も何度もそういう人を高く評価してしまうという失敗をしてきました……）。

もちろん数字を残した部分は評価して、ボーナスなどを上げても良いと思います。しかし、間違っても人の上に立たせたり、昇進はさせてはいけません。禄《ろく》を与えても地位は与えてはならないのです。

組織では、ポジションが上に行けば行くほど、求められる能力は「スキル系」の能力よりも「人格系（徳）」の能力が大きくなっていくと、私は思っています。人間性が大切になるということです。それが、私が理想とするリーダー像でもあります。

そもそも人間性がちゃんとしている人でなければ、大勢の部下をとても委ねられません。むしろ、スキルは多少足りなくても、徳や人間性がある人材のほうが必要になる。部下が「ついていきたい」と思ってくれる人は、そういう人でしょう。

上を目指すなら、人間性をこそ高めよ

経済学者のケインズは、「to do good よりも、to be good のほうがより大切である」といった意味の言葉を残しています。仕事はできるけれど、人間性が足りない人というのは、まさにここでの「to do good」だと私は思います。

「to do good」とは、行いが正しいこと。「to be good」とは、人間性そのものが良いという意味です。

ただ結果を出すためであれば、「to do good」で十分なのかもしれない。でも、そこから一歩踏み出して「to be good」を目指すべきだ、ということです。

例えばスターバックスに勤めているのであれば、ただ仕事をこなすだけでは、「to do good」になってしまうと思うのです。なぜなら、本当に求められているのは、豊かな人間性を持って、スターバックスのカルチャーを理解して、その上で心から、自然に、いい仕事をすることです。これこそが、「to be good」です。

お客様を大切にする、仲間を大切にする、そうした性質を持った人でなければ、最終的に本当にいい仕事はできない。スターバックスらしい優秀な人にはなれないのです。

だからこそ、スターバックスのカルチャーを理解している人を教育していくことに意味があると思っていました。

たとえ今は、スキルが足りなかったとしても、それは後から身につけられるのです。そしてこの成長を支えてあげることが、リーダーの役割だと思います。「to be good」であることができれば、もうマニュアルはいらないのです。自然にふるまっているだけで、スターバックスのミッションにかなっているのです。

つまり、有名な論語にある「心の欲する所に従って矩《のり》をこえず」の境地なのです。

逆にいえば、リーダーとして上を目指していく人たちも、このマトリックスをぜひイメージしておいてほしいと思います。自分はどのゾーンに属するのか。あるいは、どこに属すると上司や部下に思われているのか。

重要なことは、スキル系だけいくら高めても、いずれ限界がやってくる、ということです。高めるべきは人間性であり、人間の徳とでもいうべきもの。人間性そのものをしっかり鍛えておくことが大切になるのです。

思えば日本の何年も続く優良企業というのは、よくできた仕組みがあると思います。例外ももちろんあるとは思いますが、何十年という時間をかけて競争をさせ、人材をふるいにかけていくのです。多くの人の目を通して、何かが足りない人、おかしな人は、ふるい落とされていく。

そして最後には、人格的にすばらしい人がきちんと上に上がっていくケースが多い。

自分が社長になるなんて、思ってもみなかった、と社長が言うケースは少なくないのではないでしょうか。傍流を歩んで、苦労をしてきたという人も多い。

まさに自分がなろうとするのではなく、担ぎ上げられて社長になった。そういう人も意外に多いのです。

それはリーダーとして理想の形だと思います。

26　ソリが合わない部下、上司とうまく付き合う方法

新入社員には「時給」で説明する

組織のリーダーとして上司になったとき、難しい部下を持って苦しむこともあると思います。例えば、社会人としての基礎がまだできていない新入社員を持つ場合もそのひとつ、といえるかもしれません。日産自動車時代にひとつのエピソードがあります。

私は入社一〇年目、三三歳のときでした。部下に大卒の女性を二人持つことになりました。部署に配属になって、まだ右も左もわからない。そんな中で、私が初めて命じたのは、接客後の灰皿の片づけでした。

後で一人の部下から「岩田さん、お話があるのですが、夕方、お時間をください」と言われました。就業時間後、彼女から「今日片づけを私に頼んだのは、私が女性だからですか？」と怖い顔で聞かれたのです。

もちろん、女性だから頼んだのではありません。私は、真正面からきちんと向き合って、時間をかけて、なぜその仕事をお願いしたのかを伝えました。

雑用をお願いしたのは、若いからとか、女性だからというわけではまったくない。ただ、あなたの給料はおそらく、部内では最も安いということには気づけると思う。もっといえば、時給にしてみると、その違いはもっとはっきりするはずだ。灰皿の片づけやコピーなどはもちろん私が自分でもできるけれど、時給の高い私がするのではなく、まだ時給の安いあなたがそれをかわりにしてくれれば、私はもっと付加価値の高い仕事ができる、と。

こんなふうに説明をすると、彼女は納得をしてくれました。一年も経たないうちに、見違えるように変わり、「申し訳ないけど、コピー……」と言葉を言い終わらないうちに二人とも立ち上がるようになりました。率先して自分たちにできる仕事をやってくれるようになったのです。

そんな姿勢を見せれば、まわりの人たちの彼女たちへの評価も変わります。今度はこんな仕事を任せてみよう、あんな仕事もやらせてみようか、ということになる。

結果的に、彼女たちはチャンスに恵まれ、それぞれの道で活躍してくれています。

必要なときは、人事権をしっかり行使する

一方、端的にウマが合わない、ソリが合わない部下というのも、残念ながらいます。全員がウマの合う部下になるとは限りません。

そういうときにはどうするか。まずは、上司から近寄っていくことが大切だと私は考えます。そしてお互いに意識して話し合うようにする。

コミュニケーションというのは、鏡のようなところがあります。

自分がオープンに話をしようとすると、相手もオープンに話してくれる。逆に、「どうも合わないなぁ」と言いたいことの半分も言えないと感じていたら、相手もそんなふうに受け止めていることが多いと思います。何か当たり障りのない、真意じゃないことをしゃべっている可能性がある。

思い切って、こちらから本心をさらけ出すことです。そうすれば、必ず何かの変化が現れると思います。

最近では、中途採用も増えてきて、年代もさまざま、年上の経験豊富な部下を持ったりすることもあります。中には、上司を斜に構えて見たり、あからさまにナメてかかってきたりするような部下もいないわけではありません。部下が自分のことを尊敬してくれていない、と悩む上司もいます。あなたも同じように悩んではいないでしょうか。

これを解決するひとつの方法は、真摯に話し合うことです。自分も完璧な人間ではない、いろいろ学びたいと思うので、何か気がついたことがあったら言ってほしい、自分としてはそういうことは聞けるほうだから、というスタンスで向き合う。

もうひとつは、相手の長所を認めることです。例えば業務に詳しい、消費者に近い目を持っている、ライバル社をよく知っている……。

部下と競うのではなく、そうした長所を認めて積極的に話を聞いてみる。そして、その部下がおそらく持っていない視点で意識的に発言する。その部下にはないものを持っているということに、気づいてもらうということです。

自分を振り返ってみても、第一印象だけで勝手にこの人とは合わないな、と決めつけていた人が、実は考え方がとても似ていて、後に同志のような関係になったということもあります。

大切なのは、先入観を持たずにコミュニケーションを取ることです。

ただ、そこまでしてもどうしてもうまくいかない、あるいは反抗的な態度を見せたりするというときには、私は上司の立場と役割を気づかせたほうがいいと思っています。端的にいえば、自分はあなたを評価し、査定する立場にあるのだ、ということです。

意思疎通をしようと努力した結果、どうしても変化がない場合は、別のチャンスを見出《みいだ》してもらうしかないと思います。社内異動なのか、社外なのか……。

ただ、闇討ち的な人事は絶対にしてはいけません。必ず本人に厳しいフィードバックをした上で、改善のない場合に限り人事権を行使すべきであると思います。

上司とうまくいかない場合は？

一方で、自分の上司とうまくいかない、という悩みも組織ではよくあります。

これは、部下の場合と同じようにこちらから歩み寄っていくことがもちろん大切になりますが、部下以上にやっかいといえます。

私自身にも経験があります。そのおかげで数カ月、ノイローゼになったくらいですから。

しかし、日本企業の場合は、平均四〜五年でどちらかは必ず異動します。数年間を堪え忍ぶ。それが一番いい方法かもしれません。

難しさもある部下や上司との付き合い方。しかし、それもまた、リーダーにとっては、大きな勉強（試練）だと私は思っています。この経験が、「ついていきたい」と思われるリーダーにとって、いつか必ず役に立つときが来るのです。

第4章

リーダーは、人のすることは信じてはいけない

「ついていきたい」と思われるリーダーの「決断」

ビジネスは賭けではない。決断の一瞬は賭けであるが、それまでは周到な情報収集と準備が必要である。それは天使のような繊細さをともなう。そして決断には悪魔のような大胆さを必要とする。

［大社義規］

27 判断は必ずしもスピーディでなくていい

まずは「いつまでか」を把握する

リーダーには、何かを決定したり、決断したりしなければならないという大きな役割があります。右に行くか、左に行くか、やるか、やらないか。最終的に決めるのはリーダーです。

そしてそこには、大きな責任が伴います。どちらに行けばいいか、正解がはっきりしていないことが多くあります。

しかし、だからこそ、リーダーとしての存在価値があるのです。

最近は、何をするにしてもスピードが求められるようになっています。意思決定と決断においても、やはりスピードが重視されるのではないか、と考えている人が少なくないようです。実際、経営者はほぼ例外なく短気で、即断・即決する人が多い。私もどちらかというと短気です。

しかし、そうであっても、何より避けるべきは、十分な情報がないままに間違った意思決定をしてしまうことです。スピードを意識し過ぎて、間違った判断をしてしまっては、意味がありません。

だから、まず私が心がけていたのは、自信を持って意思決定できないときは、決定のタイミングを先に延ばすことでした。つまり、**「今決定しない」ということを決定する。そして、どうしてもこの時点までに決めなければいけない、という期限を確認する。**

その上で、さらに意思決定に必要な情報や事実を集めるのです。しっかりと事実が集まっていれば、間違った判断をする可能性は低くなると私は信じています。

逆にあまり情報が集まっていないときは、間違った判断をする可能性が高まります。だからこそ、意思決定の締め切りギリギリまで情報を集めるよう粘ったほうがよいのです。

スピードを重視し過ぎて、スケジュールとしてもまだ余裕があるうちに決めてしまうのは、情報を集められる時間を最大限使っていないということ。これでは、判断を誤る可能性を最小にできないことになります。

たとえ優柔不断だと思われるかもしれないと感じても、まだクリティカルポイントまで来ていなければ、私は納得のいくまで事実を集め続けます。そして最後の最後で、ようやく腹を決めることにしています。

重要なのは、最終的な期限がいつなのかをしっかり確認しておくことです。いつまでに決めなければいけないのか、それこそ真っ先に聞くべきことです。

「朝令暮改」を恐れない

ところが、こんなことがよくあります。決めるのは、本当は明日の午前中でかまわない。しかし、部下が早く動きたいから「早く決めてほしい」と要望を出してくる。そのために、リーダーが思わずその場で決めてしまうというケースです。これでは拙速になる可能性があります。

もちろん、自信を持ってその場でパッと決められたなら、それに越したことはありませんが、何より重要なことは早く決めることではなく、判断を間違えないことです。だから、あくまで大原則として、クリティカルポイントまで時間をもらったほうがいい。

もし、情報を集める時間があまりないときには、その状況を一番よくわかっている人、かつ信用できる人に直接、話を聞くことです。あなたはどう思うのか、と。責任は私が取るから、意見を聞かせてほしい、と伝えるのです。

私は社長時代も、役員や幹部クラスではなく、現場の実際の担当者のところへ行き、直接話を聞くことがよくありました。本当に何が起きているのかは、現場の人が最もよく知っていることが少なくないからです。そうであるなら、その人に聞くのが一番早いのです。

難しい判断が求められるケースもあります。ポジションが上になればなるほど、そうした難しい案件が増えていきます。悩んでもなかなか結論が出ないこともある。

また、前日は「こうしようか」と思っていたことが、翌日に新しい情報が入ってきて「やっぱりああしよう」となることもあります。

しかし、クリティカルポイントが来ていないのであれば、判断は変えるべきだと私は考えています。ここでは、素直さや潔さが重要です。

見栄《みえ》やプライド、みんなにどう思われるか、といったことよりも、会社のために、あるいはみんなのためにこの判断が正しいのか、という思いを貫けるかどうか。

朝令暮改をしてもいいし、最終決定までに判断が揺れ動いてもいいと思います。

かっこいい意思決定なんてしなくていいのです。

求められているのは、正しい意思決定なのですから。

28 「事実」と「判断」を混同しない

人を信じてもいいけれど、人のすることを信じてはいけない

最も意思決定を失敗しやすいのは、その材料となる「事実」が足りなかったとき、あるいは、「事実」が間違って伝わっていたときです。それでは、正しい判断ができるはずがありません。

だからこそ重要なのが、正しい事実を集める努力です。

例えば、一次情報を取ること。現場の社員から直接、話を聞くのも、そのひとつの方法です。現場にこそ、事実があり、最も信頼できる一次情報なのです。

では、どうして一次情報が重要なのか、おわかりでしょうか。情報が組織のピラミッド構造を上がってくるときに、途中で報告者の判断が加わって、「事実」が歪《ゆが》められていく可能性があるからです。

又聞きや伝言ゲームでは、正しい事実が伝えられなくなる。「事実」が間違って伝えられてしまう危険があるのです。それをもとに意思決定をしたら、うまくいかないのは当然です。

大切なのは、「人を信じてもいいけれど、人のすることを信じてはいけない」ということです。人は時に間違えるのです。してはいけないことや、する必要のないことをしてしまう。ところが、それを理解せずに相手の言うことを鵜呑《うの》みにしてしまうと、今度は自分が痛い目に遭ってしまいます。

私は日産自動車時代にも、その後の日本コカ・コーラ時代にも、現場に近いところで仕事をしていましたから、細かなところまで何度も現場に確認していました。判断を失敗すると、部品の供給不足などで工場が止まってしまうといった修羅場に陥る危険性がある仕事だったから、なおさらでした。

現場に近い仕事ほど、実は高いリスクを持っているのです。

だからこそ、「人を信じてもいいけれど、人のすることを信じてはいけない」のです。たとえ部下に嫌がられたとしても、細かなことだったとしても、度々チェックする。さりげなく、「あれはどうなった？」「大丈夫だった？」とこまめに報告を求める。

部下からすれば、信用してもらっていないのか、と思ってしまうかもしれない。しかし、部下は信用しているけれど、人間ですからうっかりミスも起こりうるわけです。それをリーダーは忘れてはいけません。

同じように、一次情報が歪められてしまう可能性だってありえます。そういうことが起こりうるという前提で、リーダーは情報に接しなければいけないということです。

一番に事実を重視する

意思決定の際にもうひとつ、それが「事実」なのか「部下の判断」なのかをはっきり分ける、ということも大切です。例えば、部下から「事実」について報告を受ける。いい話のときは、心配はいらないことがほとんどです。

問題は、悪い話のときです。部下の立場に立ってみてください。上司の前で、できるだけ自分に都合の悪い話はしたくないものです。悪い情報や問題を小さく見せたい。それが人間の心理だと思います。

そこで何が起こるのかというと、「事実」に自分の判断を加えた「意見」にしてしまうことがよくあるのです。悪気はなくても、つい自分に不利な情報にならないように、「事実」を加工してしまう。しかし、これでは、上司としては正しい判断ができなくなります。

ときどき重大な意思決定を間違える会社があります。それは、間に何度も部下の判断が入ってしまっているからだと思います。現場では全然、大丈夫ではないのに、部下としては上長になかなか本当のことは伝えにくい。そのために、「事実」ではなく、大丈夫だと思うという「判断」を伝えてしまう。結果的に、トップと現場で認識に大きな乖離《かいり》ができてしまうということが起こるのではないでしょうか。

何かの報告を受けるとき、私がいつも部下にお願いしていたのは、「事実と判断は分けてくれ」ということでした。そうすれば、両者の混同をせずに済みます。

まずは、事実を聞く。その上で、それについて部下はどう思ったのか、を聞く。これをやらないと、判断だけを聞いて終わってしまいかねない。事実が聞けないのです。

事実を聞く。現場の意見を聞く。その上で、自分はさらに上の観点で判断する。最悪の場合、リスクはどれくらいなのか？　本当に大丈夫なのか？

事実には、一番の説得力があります。

だからこそ、まずは事実を重視する。

その上で、リーダーには最終判断が求められるのです。

29 前向きなチャレンジは、迷ったときには、やってみる

リーダーは意識してチャレンジする

意思決定をする際には、ひとつ心がけていたことがあります。それは、前向きなチャレンジであったならば、迷ったときにはやってみる、ということです。

なぜか。もし失敗したとしても、前向きなチャレンジなら、その経験から何らかのプラスは得られると思うからです。

そしてもうひとつ。やらなかった後悔と、やった上での後悔であったなら、やった上での後悔のほうがずっといいと私は思うからです。

もしうまくいかなかったなら、そこから何かを学べばいいだけのことなのです。やってみたけれど、失敗してしまった、次からは気をつけよう、と。

しかし、やらなかった後悔というのはチャレンジをしていないわけですから、何

も学ぶことがなく、まるで違う後悔になってしまう。

もし、選択肢があるとすれば、どちらかというとポジティブなほうに、前向きなほうに行ったほうがいい。常にそう思っています。

しかし、頭で考えがちな人たちは、どうしてもリスクを避ける傾向があります。やらないほうが、費用も発生しないし、手間もかからない。万が一の場合は、責任を取らなくても済む。

これでは、チャレンジ精神に溢《あふ》れ、積極的に行動する企業風土など生まれるはずがありません。企業のダイナミズムは生まれてこないのです。

特に意識して、リーダーがチャレンジをしていかないといけないのです。

もちろん、会社の根幹を揺るがすようなチャレンジはできませんから、失敗したときに最大でどれだけの損失が出るかはイメージします。どこまでの損失に耐えることができるか、それを判断した上で、前向きな決断をするべきです。

会社全体のチャレンジ精神を育てる

今も覚えているのは、アトラスの社長時代のある決断です。会社の再建という苦しい状況の中にありましたから、夢はできるだけたくさんあったほうがいいと思っていました。

そんなときに、大きなゲームセンターを作ってはどうか、という提案がやってきたのです。これまでは駅前二〇〇坪くらいのゲームセンターが標準だったところに、いきなり郊外に一〇〇〇坪のゲームセンターを作ってみようというものでした。

全役員が集まって意見を交わしましたが、真っ二つに割れました。しかし、賛成派、反対派の両方の意見をよく聞いた上で、私はどうしてもやるべきだ、と思いました。興奮して机を叩《たた》きながら「よし、やりましょう!」と立ち上がったほどでした。

新しいチャレンジで、初めてのことばかり。そもそも一〇〇〇坪分もゲーム機械を用意できるのか、という声もありました。郊外でしたから集客にも心配があった。

それなりにリスクはあったのです。

しかし、ちょうど業績が回復してきていたところで、新しい夢がほしかった。リスクはあるといっても、会社の屋台骨を揺るがすほどのものにはならない。結局、私の一言で、ゴーサインが出たのでした。

最終的には、体験型のゲームを開発したり、ストラックアウトのようなものも取り入れたりと、新しい取り組みも組み合わせ、結果は大成功になりました。会社の業績回復ムードに勢いをつけることができたのです。当時、日本一のゲームセンターだといわれ、全国の同業者から見学者が訪れました。

部下は、リーダーの前向きな姿勢を見ていれば、前向きなチャレンジに向かえるようになると思います。そして同時にリーダーとしては、部下のチャレンジを積極的に後押ししてあげるムードを作るべきでしょう。

ひとつは、チャレンジしろ、とはっぱをかけること。そしてもうひとつは、万が一、失敗した場合は、責任はリーダーが取る、と明言すること。思い切ってやってこい、とリーダーがはっきりと言うことです。

「我が社はチャレンジ精神がない」などという声が企業の幹部から上がってくることがありますが、果たして幹部自身がチャレンジをしているのかどうか、チャレンジができるような風土を作っているのかどうか。それは見つめ直してみる必要があると思います。

両者がなければ、チャレンジしたくても、なかなかできないものです。

人事だけは、迷ったらやらないと決める

迷ったときはやってみる、と書きましたが、ひとつだけ例外があります。それは、人事について、です。

人事の失敗は、取り返しがつかないからです。私自身も、昇進させるべきではない人を昇進させてしまって大変苦い思いをした経験があります。逆に、ラインから外そうと思った人が実は自分を陰で支えてくれていたことを知って、愕然《がくぜん》としたこともありました。

人事だけは、迷ったまま決断をしてはいけない。

迷うということは、決めきれない何かがあるわけです。ならば、もっと情報を集

めないといけない。その不安が取り除けなければ、前に進まないのです。

昇格でも、採用でも、人事だけは、慎重でなければなりません。多面的に、長期的に、そして根本的に見ていかなければなりません。

30 いつでも「何とかなる」という感覚を持つ

「この会社にいなければ自分はおしまいだ」などとは思わない

重要な意思決定や決断は、人生でも求められます。私のキャリアも、その繰り返しだった気がします。私の中の大きな転機は、アメリカの大学へのMBA留学だったことは間違いないと思います。日産自動車時代のことです。

みんなが集まる会議の場でも、正論を言って上司を困らせる生意気な若造だったために、思いも寄らない部署に配属されてしまったことがあります。同僚の多くが「辞めるなよ」「元気出せよ」と励ましてくれた、という話はすでにしました。でも、そんな部署に異動することになったからこそ、物足りない時間があり、もっと頑張りたいという気持ちが湧き上がってきたのでした。ここで、留学という新しいチャレンジをする決断ができたのです。

留学前後の勉強は本当に大変でしたが、心から留学して良かったと思っています。何より日本にずっといたのでは知ることができない多様な価値観を、アメリカで知ることができました。

例えば、アメリカ人は無理をしないのです。嫌なことは平気でノーと言う。本当は行きたくもない飲み会に行く日本人サラリーマンとは大違いでした。個人主義なのです。

グループスタディの課題が多くありましたが、あるアメリカ人の友人は、「今日はデートがあるから」と言って全然悪びれることなく、ミーティングを欠席したものです。これは極端な例としても、嫌なこと、都合が悪いことには、はっきりとノーと言える雰囲気がありました。他の日本人留学生も、日本より付き合いがとても楽だと言っていました。

アメリカ人、特にラテン系の人は本当に無理をせず、自然体でやっていると感じました。

さまざまな同級生から、いろいろな人生のあり方を学びました。例えば、ビジネススクールに来る直前までアフリカで看護師のボランティアをしていた女性が、ビジネスに目覚め、UCLAに来てビジネスを学び、シリコンバレーで起業する……。

また、日本人以外の同級生たちは、大企業に行きたがりません。できるだけベンチャー企業や中堅企業に入って会社を動かせるようなポストを目指します。大企業から派遣されてまた元の企業へ帰っていく日本人留学生とは大違いでした。

日本に帰国して、当時としてはまだ珍しかった外資系企業への転職を決めたのも、この思いが背景にありました。

日本の大企業を辞めるなんてありえない、この会社にいなければ自分はおしまいだ、などとは、もう思わなくなっていたのです。

自分にできる最大限のことをやれば、神様は悪いようにはしない

そしてジェミニ・コンサルティング・ジャパンから、日本コカ・コーラとさらなるチャレンジングな経歴を積んだからこそ、アトラスで初めて社長というチャンスをいただけたのでした。

大ヒットしたプリクラブームが去って苦しい状況にあったとはいえ、上場企業の

経営トップを務められたのは、本当にありがたいことでした。

その後、アトラスは大手玩具メーカーのタカラの子会社となり、私はアトラスよりもはるかにスケールの大きなビジネスを展開する、タカラという老舗企業の常務取締役を務めることになりました。タカラでも子会社の売却や新規事業など、それなりに実績を上げることができましたし、企業風土もとても自分に合いました。

でも、私がやってみたかったのは、やはり社長職でした。そんなとき、イオングループからヘッドハンティングのお話がありました。

実はこのとき、経営者として迎えてもらえる三つの選択肢があったのです。ひとつは六〇〇億円規模の会社。もうひとつは三〇〇億円規模の会社。そして、当時年商が六七億円のザ・ボディショップでした。

このとき、一番早く社長になれると言われたのが、ザ・ボディショップでした。会社の規模はあまり気になりませんでした。それよりも自分が責任を持ってリーダーとして会社を引っ張っていける立場、つまり社長をもう一度してみたかったのです。

結果的に、ザ・ボディショップで四年間の経験を積み、実績を上げることができたことが、次の一〇〇〇億円企業、スターバックスの社長職につながることになりました。

業績が急上昇し、大成功していたザ・ボディショップの社長を続ける選択肢もありました。しかし、目標として掲げていた一五〇億円の目前に迫る売り上げを作ることができ、私はすでに大きな達成感を得ていました。

もっと大きなチャレンジをしてみたい、と思ったのです。そこでご縁をいただいたのが、スターバックスだったのです。

仕事としての意思決定も、あるいはキャリアの意思決定も、迷ったらやってみる、という思いに至ったのは、どこかで自分を信じているから、ということも大きかったと思います。

まさに、努力さえしていれば必ず報われるという思いがありました。

自分なりにチャレンジスピリッツをいつも持ち、自分を修めようといつも意識して、自分にできる最大限のことをやってきたつもりです。

そうであるなら、きっと神様は悪いようにはしない、きっと良い方向に自分を導いてくれる、という気持ちが自分の中にありました。

だから、苦しい状況に陥っても、立ち直ることができたし、大胆な選択もできた。

リーダーになったなら、あなたにもこの「何とかなる」という感覚をぜひ持っていただきたいと思います。

そうすることで、意思決定はよりチャレンジングなものに、そして正しいものへと変わっていくと思います。

31 部下の意思決定力を鍛える

部下に判断させ、理由を聞いてみる

リーダーの重要な役割のひとつに、部下を育てる、というものがあります。

重要な意思決定をする経験は、部下を育成できる絶好のチャンスです。なぜなら、リーダーにとって一番求められているのは、何かを「決める」ことだからです。

だから、例えば部下が意思決定を求めて私のところにやってきたとき、私はよく部下に意見を求めていました。

あなただったらどうするか。あなたはどう思っているのか。そういうことを考えてもらうことが、結果的にその部下にとって、自分がリーダーになったときのいい勉強になると考えていたからです。

意思決定を求められて、答えはGOだとわかっていたとしても、一旦、やり直しを命ずることもありました。突き返してしまうこともありました。ちょっと詰めが甘い、調べられていないことがある、どんなリスクがあるかチェックしていない……。そんなふうに感じたときには、わざと突き返すのです。

この程度の準備で通ってしまうのか、と勘違いされても困ってしまうからです。それでは後々、本人が困ることになるのです。

また会議で、簡単な数字のミスが発覚し、会議を中断・延期したこともありました。私は担当者を責めるのではなく、その上司が事前にきちんとチェックをしていなかったことを責めました。報告するのは担当者でかまわないけれども、その説明責任は上司がちゃんと持つ必要があります。

印象的だったのは、数カ月後の同じ会議でのこと。前回の会議で私が指摘したのと同じようなミスが見つかったのですが、報告者の上司である本部長自らが声を上げたのでした。「責任を持って自分がやり直しさせます。申し訳ありません」と。私が言う前に、彼から発言してきたのです。少しは成長してくれたな、と私は思いました。

リーダーとして、そもそも甘い状況を許していたら、どんどん甘いほうに流れてしまう。そこを締めるのもリーダーの役割です。

セールスでは、どこまでの値引きを許せるか？

現場では、例えばどこまでの値引きを許せるか、という問題がよく発生します。お客様に値引きを求められている。できるだけたくさん値引きをしたほうが喜ばれる。しかし、それでは会社の利益が減ってしまう……。

私はこういうときには、どこまで努力したか、を見ていました。これでもう仕方がない、というところまでお客様と本当に話をしてきたのか。値引きを求められているということは、お客様が自分たちの製品の価値に納得していないということです。

したがって、どこまでちゃんと良さが伝わっているか、が重要になります。正しい説明をしたのか、改めて問うてみる必要があります。

そしてもうひとつ、**重要なのはお客様の立場に立ってみる**、ということです。お客様とて、「いくらです」「はい、そうですか」というわけにはいかないこともあるでしょう。「これだけ頑張りました」「これだけ値引いてもらいました」と上司に報告をしたいはずです。

だから、社内的に言い訳が立つような理屈を作ってあげることが大切になります。相手もサラリーマンなのです。一緒にその理由を考えてあげなさい、と。反対にこちらが値引きを要求するときも同じです。相手の販売の担当者が、社内稟議《りんぎ》を上げやすい口実を作ってあげるのです。競合が来ている、社長が了承しない、予算がない……。

そもそもサラリーマンは、自分の懐からお金を出すわけではありません。会社のお金で買っているのです。

必要なのは、理屈です。それが納得のいくものになるか、ということ。理屈がしっかりできているのであれば、お互いに問題ないでしょう。そこで意思決定すればいいいと思います。

私は車のセールスをしていたときに、値引きに関しては相当に鍛えられました。セールス担当者の交渉技術ひとつで、お客様の満足度が大きく変わってしまいます。

例えば、一二〇万円の車を一〇〇万円まで値引きしてもいい、と会社から言われていたとする。そのとき、値引きを要求してきたお客様、特に関西のお客様には、いきなり一〇〇万円の金額は提示しません。まずは、例えば一〇三万円を提示するのです。

そうすると大概、「一〇〇万円にならないのか」という話になる。でも、これ以上は難しい、という顔をして、「お電話をお借りします」と言って、「所長、何とかお願いします。他で頑張りますから！」と話す（電話口の向こうでは、所長が私の演技を笑って聞いています）。その後、そのお客様に「すみません。あと一万円お願いします。後は私が何とかしますから」とお願いをする。結局、一〇一万円。

これを、最初から「一〇〇万円になります」と言っていたらどうなるか。お客様は「もっと値引きができたのではないか」と思って、不信感を持たれてしまうはずです。しかし、こうすることで、ここまでやってくれている、もうこの辺がギリギリの線だな、と満足していただけるのです。

二度の駆け引きがあって二度値引きしたことで、お客様は満足している。結果的に一万円高く買っていたとしても、です。満足を売るということは、そういうものです。結果は、私は販売会社全セールスマン中で粗利益が二位の成績を上げることができました。

ちなみに、これが関東のお客様だとまったく違う交渉をしなければいけませんでした。関東のお客様はあまり値切ってこないので、初めから値引きを精一杯出しておかないと、他の販売店に行かれてしまう。

売り手の場合も買い手の場合も、最終的にどう折り合いをつけるのか。

常に相手側の立場に立った交渉技術や考え方についても、リーダーはしっかり部下に見せてあげるべきだと思います。

32 リーダーは、逃げてはいけない

「上が決めたから」は絶対に言ってはいけない

組織のリーダー、とりわけミドルのリーダーが最もやってはいけないことがひとつあります。

それは、「オレはいいと思ったんだけど、上がダメだと言うんだよ」という台詞《せりふ》を部下に吐いてしまうことです。これは一番卑怯だと思います。

「あんなのおかしいと思うんだけど、社長が言っているからやるしかない。申し訳ないけど、やってくれ」というのも同様です。

ところが、「上が言っているから、しょうがないんだよ」で済ませてしまうミドルリーダーは驚くほど多いのではないでしょうか。

しかし、これでは部下はがっかりします。ミドルはいったい何のためにいるのか、と思われても仕方がない。ましてや、部下がやりたいことをミドルにお願いして、会社から却下されたときなどは、なおさらショックが大きい。

リーダーがこんなことをしていたのでは、とても部下からの信頼を得ることはできないでしょう。「ついていきたい」などとは思われません。

逆に経営者としても、このような「逃げるミドル」はいらないと思います。部下の気持ちをくんで上司に伝える。上司の意向を部下にわかりやすく伝える。このようなミドルでないと必要ありません。


大切なことは、どうしてそうなったのか、どうして会社として提案が受け入れられなかったのか、どうして社長はこうしろ、と言っているのかを、しっかりリーダーが部下に語れなくてはならないということです。きちんと理由を説明する必要があるのです。

それを怠ってしまうから、部下ががっかりするのです。

例えば、あなたが課長だとします。部下から上がってきた提案を、会議で部長に却下されてしまった。そのまま何も言わずに引き下がってしまい、部下も結果がわかっているだろうからと放置しておくと、部下からの信頼を失いかねません。

どうしても通したい案件ならば、私なら、会議の前に事前説明をして、部長からOKが出るまで会議に出さないと思います。その上で、もし却下された場合でも、上にもきちんとした理由がありそれに納得したなら、それを、部下にフィードバックする。

部下にしてみれば、却下されたという結論は同じでも、一度は上司と闘ってくれて、なおかつ理由をしっかり説明してもらえれば、それで納得できると思います。

「決断力」を日頃から強く意識する

リーダーが最もしてはいけないことは、逃げてしまうことです。その場は逃げられたとしても、それは本当に逃げたことにはなっていません。

しかも、大切なものを失います。それは、「信用」です。

ありがたいことに、日産自動車や日本コカ・コーラ時代から、取引先の方に「岩田さんは逃げない」と言ってもらっていました。サプライヤーさんに厳しいことも言っていましたが、約束は必ず守りました。だから、今も仕事を離れたお付き合いが続いています。

逃げる人には、誰もついていかないと思います。その場限りのあまり印象の良くない思い出を残すだけです。

かつて勤務していた日産自動車は、私が辞めた後一時期、大変な経営難に陥りました。そこに登場したのが、ルノーという外資系であり、カルロス・ゴーン社長というリーダーでした。

日産自動車に勤め続けている友人たちに聞くと、ゴーン社長の評価は明快でした。「ゴーンさんは決めてくれる」と言うのです。決断をしてくれる。

つまりは、意思決定から逃げることをしないということです。やらなければいけないと思ったら、障害があったとしても決断する。自らの責任において選択する。そこがすばらしい、と。ゴーンさんの後が心配だ、と。

大きな決断は、時に誰かを傷つけたり、困らせたりすることになります。恨みを買うこともある。しかし、それを恐れていては、決断などとてもできないのです。

怒られても恨みを買っても、決めなければいけないことがあるのです。リーダーは、恨みに任ずる覚悟が必要です。

ところが、結果的にかつての日産自動車の経営陣はそこから逃げてしまった。さまざまな問題があったのに、打たなければならなかった手を、打たなかった。逃げて、意思決定をしなかった。悪いことにフタをして、決断しなかった。それが、あの経営危機をもたらしたのだと思います。

リーダーは絶対に逃げてはいけません。それは、組織に危機的状態をもたらします。

そして逃げないとはつまり、決断するということです。だからこそ、決断する力を磨いておかなければいけない。

そのためには、早い時期から決断する訓練をすることです。

報告をするときにも、ただ報告をするのではなくて、「私はこう思うのですが」という自分なりの意思決定をして報告してみる。会議に出るときには、上司の立場で聞いてみる。上司の意思決定を自分ならどう意志決定するか、考えてみる……。

決断力は、実は日常の場でも、鍛えられるのです。

第5章

リーダーは、立ち止まらなければいけない

「ついていきたい」と思われるリーダーの

「行動力」

この世で成功する人とは、自分が望むような状況を探し回り、もし見つからなければ、それを創り出す人だ。

［バーナード・ショー］

33 自分が思うことは率先垂範していく

リーダーが見せれば、周囲も変わる

初めて社長になったアトラスは、私が入った当時、かなり厳しい状況にありました。しかし、かつてプリクラが大ヒットし、会社が株式上場を果たした頃には、社内の雰囲気は大変に勢いづいていたといいます。受付には専属の女性社員がいて、来客者の対応をしたり、役員秘書もたくさんいて、華やかな雰囲気だったそうです。

ところが、やがてプリクラブームは去り、業績は急降下、次なる事業の芽がなかなか見出《みいだ》せない中で、社員も次々に辞めていくような状況が続きました。こうなると、社内の雰囲気は大きく変わってしまいます。

私が入社したときには、会社の入り口には受付の女性もおらず、来客者が社員を呼び出すための電話が、受付台の上にポツンと置かれていました。よく見ると、受

付台の後ろにダンボールが置かれていたり、飲みかけの缶コーヒーが置かれたままになっていたり、汚い雑巾が床に落ちていたりしていました。

会社が厳しい状況に陥り、雰囲気が悪くなっていくと会社は荒れていく、とは聞いたことがありましたが、本当にこんなことになるとは驚きました。

会社の受付なのです。会社の顔ともいえる場所。これでは余りにもひどい。ちゃんと、きれいにするべきだと思いました。担当責任者である総務部長にその旨を伝えました。

すると、すぐに掃除をしてくれて、とりあえずはきれいになりました。ところが、二、三日したら、また汚くなっている。何度、指摘しても同じことが繰り返されました。そのうち私は頭にきて、「バケツと雑巾を貸してください」と自分で掃除を始めたのです。

社長室にいた若い社員も手伝ってくれました。新しく入った社長自らが、若い社員と一緒に受付を掃除している。通りかかる社員は不思議そうに眺めていました。

しかし、それ以来ぴたっときれいになり、汚れたり、モノが放置されたりすることはなくなりました。

「率先垂範」という言葉がありますが、やはりリーダー自らが率先することによって、物事は変わっていくんだな、と改めて感じました。しかも、社内をきれいにする、などというのは、基本中の基本。社員が会社に関心を持たなくなってくると、そういうこともできなくなっていくのだと改めて肝に銘じました。

大きな理想も、小さな目標のクリアから始まる

リーダーとして、こんなふうにふるまいたい。率いる組織は、こんなふうになってほしい……。いざリーダーを任されたときには、そんな理想形がいろいろと頭に膨らんできます。会社や事業の運営も、ともすれば理想の姿ばかりを頭に描いてしまいがちです。

しかし、美しい理想を描くだけでは現実に向き合うことや、モチベーションを維持していくことは難しくなると私は考えています。

ぜひ、持っておくといいと思っている考え方があります。

それは、マラソンランナーの感覚です。四二・一九五キロという途方もない距離を走り続けていくのが、マラソンです。目の前に四二・一九五キロという距離を見せつけられると、ほとんどの人が「そんなに走るのは大変だ」「とても走れない」と思うでしょう。

実はマラソンランナーもそうだというのです。でも、結果的にあの長い距離を走り切ってしまう。聞けば、「次はあの電信柱まで走ってみよう」「次はあの角まで」と自分で決めて、とにかくそこまで走る。その繰り返しで四二・一九五キロを走るのだというのです。自分で小さな目標を次々に決めて、それをクリアしていたら、いつの間にか四二・一九五キロを走ってしまえるのだ、と。

大きな目標を持つことは大切です。志を持つことも重要です。

でも、それだけではなくて、大きな目標や志も、まずは小さな目標に落とし込むのです。それをクリアしていく。そこまで行ったら、自分を褒めてあげる。それでまた次に頑張れる……。

大きな理想も、実は小さなことから始まっているのです。大きな理想をいきなり

達成しようとするのではなく、小さな理想に向き合う。

その積み重ねが、大きな理想へとつながっていくのです。


実際、会社というのは、小さなことの積み重ねで成り立っています。その小さなことをおろそかにすると、会社はどんどん荒れていきます。

ずいぶん後に、アトラスの取引先の社長さんから、うれしいお言葉をいただきました。「アトラスはあの当時、会社の受付が汚かった。岩田さんが入られてからすごくきれいになりましたね」と。

リーダーは小さなところにこそ、目を光らせていなければいけません。そして問題があると気づけば、自ら動く。

その姿勢が、部下からの「ついていきたい」という信頼を生んでいくのだと思います。なぜなら、小さなところから、まず変化は起きていくからです。

34　時間と効率を徹底的に意識する

「行き先階ボタン」と「閉まるボタン」、どちらが先か？

「行動力」といえば、大切な基本動作があると思っています。

それは、時間と効率を意識する、ということです。私は幸いにも、日産自動車で若いときにこれを徹底的に鍛えられました。

工場で生産管理の仕事をしているとき、ストップウォッチを片手に動作分析を担当していました。現場に行って、どの作業にどのくらいの時間がかかっているのかを洗い出します。そして、その上で、どうすれば作業を早く正確に行うことができるのか、検討していったのです。

こうした業務の積み重ね、「カイゼン」で、日本の製造業は、効率的な製造プロセスを作り上げていたのだと知りました。そして同時に、これはどんな業種でも、どんな仕事においても、もっといえば日常的な小さな行動でも同じだと私は思いました。

例えば、エレベーターに乗る。やるべきことは、「行き先階ボタン」を押すことと、「閉まるボタン」を押すこと。

では、どちらを先に押せば効率的なのか、答えはおわかりでしょうか。

「閉まるボタン」を押してから、「行き先階ボタン」を押すことです。

こうすると、先に「行き先階ボタン」を押して、それから「閉まるボタン」を押すのよりも、○・数秒ですが、早く扉を閉める指示を出すことができます。わずか○・数秒、とも思いますが、これが積み重なっていくとどうなるか。○・数秒は数秒になり、それが積み重なって数分になり、やがて何時間、何日にもなるのです。

時間と効率を意識するという基本動作があるかないか、それを若い頃に身につけているかどうかで、実は手にできる時間に大きな差が生まれます。細かな積み重ねが、持ち時間の違いを生み出すのです。

人間に与えられている時間は、誰に対しても公平です。一日に二四時間しかない。

その時間をどう有効に使うか。無駄なくいかに効率的に使うか。その意識の差が、人生において大きな差を生むのだと私は思っています。

例えば、同時にできることは同時にする。二つのことがあったときには、どちらを先にこなせば効率的なのかをすばやく考える。無駄に思える時間は極限まで減らしていく。そうした習慣が、効率的な時間の使い方を可能にするのです。私はお風呂で、どういう順番で洗えば効率的かということまで真剣に考えたこともあります。

そしてこれが、行動力にも大きな影響を与えます。何をすべきか。いつすべきか。時間と効率を意識することが、行動力の感度をも高めることになるのです。

できることは、すぐにやってしまおう

基本的に私のスタンスは、極めてシンプルです。それは、できることはできるだけすぐにやってしまう、ということ。人は物事をすぐに忘れてしまうからです。

だから、すぐにやる。本当に時間をかけなければいけないことを除けば、すぐに動く。

メールも、私はあっという間に返信してしまうので、驚かれることが少なくありません。ずっとパソコンの前に座っているんじゃないか、と言われたこともあります。しかし、メールをため込んでいても、いいことはひとつもない。どうせ返さないといけないのであれば、さっさと返してしまったほうがいいのです。野球と同じように、ボールは常にすぐに相手に投げ返すのです。

これは後でやったほうがいいかな、あれと組み合わせてからのほうが良さそうだ、あの仕事のついでにやることにしよう、と考えて後回しにしていたら、やるのを忘れてしまって後悔したことはないでしょうか。でも、その場でやってしまえば忘れません。

また、あなたはすぐにできることを後回しにして、時間がかかることを先にやり出していませんか。それよりも、やれることから、どんどん片づけていくほうがいいのです。

実はこれが、結果的には時間の短縮につながります。そして、仕事にも勢いがついて前に進んでいくことが多い。

時間と効率を意識しながらも、すぐにやってしまうほうがいい。

経営者は行動にスピード感がある、などとよくいわれますが、私はそれは、すぐにやってしまう人が多いからだと思っています。逆にいうと、スピード感のある人だけが経営者になれると言っていいかもしれません。

よく担当者は、プロジェクトをきりの良い来月の一日から、あるいは来期から始めようとします。しかし、もし本当に良いことであれば、明日からすぐやるべきです。これが経営者的な発想です。

やれることからすぐにやっていく。これが行動のスピード感につながっていくのだと思います。

35 時に立ち止まれる時間を作る

三時間以上のまとまった時間を、ときどき作る

時間や効率が大切、すぐやるスピードも大切ですが、一方でリーダーの行動を考えるときには、むしろ立ち止まることも重要なことだと思っています。

一度、立ち止まって、改めて物事の優先順位や本当に必要なこと、さらには将来のことに頭を巡らせるのです。

リーダーはポジションが上がれば上がるほど、忙しくなっていきます。スケジュールは、部下との打ち合わせや来客などでどんどん埋まっていきます。気をつけなければいけないのは、こうした忙しさが常態化してしまうことです。これでは目先の対応だけで日々が過ぎていってしまうようなことになりかねません。

時間と効率を意識し、すぐやるスピード感で物事をどんどんこなしていく一方で、立ち止まってじっくりいろいろなことを考える時間がほしい。そうすることが、長期的に見たときの正しい行動につながっていきます。

しかし、なかなかゆっくり考える時間が作れないと語るリーダーは少なくありません。実際、スケジュールに空きがあるといっても、来客と会議の間の三〇分間など、忙しい人ほど空いた時間が細切れになってしまうということが多いのです。これでは、じっくりと立ち止まって考える、などということは難しい。

細かい時間をうまく活用することも重要です。しかし、それはインプットの時間にはなるけれど、アウトプットの時間にするのは難しいと私は思っています。

考え事をしたり、戦略的なことについてじっくり思いを巡らせたり、何かを文章にまとめたりする。そうしたアウトプットには細切れの時間がいくらあってもダメなのです。

大切なのは、いろいろなものをまとめて考えられる時間。一時間の空き時間では

なく、最低三時間はほしい。

私はザ・ボディショップ時代にも、スターバックス時代にも、スケジュールを管理してくれていた秘書さんにお願いをしていました。二週間に一度でかまわないので、どこか三時間以上、考え事をする時間をまとめて作ってほしい、と。

もし、そうしたお願いをしていなかったなら、スケジュールはどんどん埋まっていってしまったでしょう。まとまった時間は意識して作らないと作れないのです。

それが、考える時間になる。

結果として先々のことも考えることができて、忙しい中でも時間に追われないでいることができたと思います。

スケジュール表に、予定だけでなく「実績」も書いていく

そうはいっても、忙しいのがリーダーです。では、どうやって時間を捻出するのか。ひとつのヒントがあります。

まずやってみていただきたいのは、自分はなんでそんなに忙しくなっているのか、

理解するということです。実は多くの人が、日々、何に時間を取られているのか、はっきりと認識していなかったりします。だから、一日の仕事を洗い出してみるのです。

忙しい、忙しい、を連発していたある社長さんの相談にのったことがあります。特にメール返信に時間が取られていることを自覚していました。二時間もかかっている、と。そこで、正確にどのくらいメールに時間がかかっているか、時間の記録を取ってみてはどうですか、と提案しました。

すると、驚くべきことに二時間どころか、一日に合計六時間も、メールの時間にあてていたことがわかったのです。これにはびっくりされていました。一日六時間もメールと向き合っていたのでは、なかなか自分の時間が取れないのは当然のこと。その社長は反省して、効率を考えてこれを半分の時間にするという目標を立てられていました。それで三時間も時間が捻出できるわけです。

もうひとつ、私が勧めているのは、スケジュール表に終わった行動も書き込んでしまう、という方法です。

スケジュール表といえば、普通は未来のスケジュールを書き込むものですが、そこに実際に行ったことも書き込んでしまうのです。私はこれを、パソコンを使って行っています。カレンダー機能のソフトウェアに、予定だけでなく、その時間に何をしたのかの「実績」も書き込んでいく。しかも、色別にしておきます。

これからのスケジュールは青、実際に行ったプロジェクトA関係は赤、プロジェクトB関係は緑、プロジェクトC関係は黄色、メール対応は紫、プライベートの会食はピンク、フェイスブックに使う時間はオレンジ……、といった具合です。

そうすると、一週間の中で、何に一番、時間を使うことになったのか、一目瞭然になるのです。今週はプロジェクトCの動きがなかったな、意外にメールに時間を取られているな、なんてこともすぐにわかります。

自分の時間の使い方が、常に把握できるということです。

これを常に行っていれば、何をすれば時間が捻出できそうなのか、ということにも常に向き合えることになります。

予定だけでなく、実績もスケジュール表に記録していく。行動力に幅を持たせてくれる、時間管理のひとつのテクニックだと思います。

アシスタントのいる方には、記録を取ってもらえばいいでしょう。

36 行動力は、徹底的な自己管理から

「午前〇時」にあなたは寝ているか?

行動力というと、何かが起きたときに、すぐにどう反応できるか、というイメージをお持ちの方も多いと思いますが、私は、そのための日頃の準備がとても大切になると思っています。

準備というより、意識といってもいいかもしれません。

時間効率を考えたり、時間を管理したりすることは有効ですが、それ以前に大切なことがある。それは、良き習慣をつけ、自己管理を徹底するということです。

例えば私は、ザ・ボディショップ時代も、スターバックス時代も、社長職にありながら、お付き合いの会食をすることはほとんどありませんでした。私自身、あまりお酒が飲めないこと、車で通っていたこともありますが、個人的にもあまり好き

ではない、ということも大きかったかもしれません。

会食が最も多かったのは日本コカ・コーラ時代です。このときは若かったこともあり、遅くまでお付き合いをすることもありました。しかし、どうにも楽しめず、みんなが酔っぱらってしまった二次会などは早く帰りたくて仕方がなかったことを覚えています。

それもあって、以降は本当に必要な場合を除いて、できるだけ行かないようにしました。行ったとしても、二次会には行かない。時間が取られてしまうこともありますが、やはり疲れてしまうからです。

私は、午前〇時というのは、とても大切な区切りだと思っています。午前〇時の前に寝ているか、寝ていないか、あるいは眠っていなくても目をつぶって休んでいるか、というのは、次の日の体調に大きな影響を及ぼすと思っています。休むのが午前〇時を過ぎてしまうと、どうしても疲れが抜け切らないのです。

わずか一時間でも午前〇時から過ぎてしまうと、次の日が一日、無駄になってしまうこともあります。眠けが抜け切らず、頭もすっきりしない。これでは、一時間と一日を交換したようなもの。冴《さ》えない頭ではいい判断も行動もできないでしょう。

睡眠時間というのは、貯《た》めることができません。会社勤めをしていれば、起きる時間はおおよそ決まっているものですから、寝る時間に注意しないといけない。だから、私は午前〇時には寝るようにしていますし、朝は六時半には起きるようにしていました。犬を飼っているので、散歩の習慣があったことも大きかったと思います（というより、実は散歩するために犬を飼っているのですが）。

午前〇時に休むとすれば、やはり一〇時には帰っていないといけないでしょう。となれば、必然的に二次会には行けないし、行かないという選択をすることになります。

もっといえば、飲む回数そのものを減らすことを考えることも大切だと思います。円滑な関係を築くにはお酒も必要だ、ということを否定はしませんが、お酒がなくても円滑な関係を築くことこそ理想だと思います。

お酒を言い訳にするべきではないのです。実際、お酒が飲めないリーダーだって、多くいるのです。

身体を動かすことで、脳が休まる

自己管理、体調管理という点ではもうひとつ、意識して身体《からだ》を動かす、ということも重要です。仕事に夢中になっていると、どうしても運動不足になってしまいます。ですから、身体を動かすことを意識する必要があります。

もちろん健康にいい、ということもありますが、基本的にリーダーは四六時中、仕事のことが頭に残っているものです。考え事をしていて、脳が休まらない。これでは、いずれオーバーヒートしてしまいます。

経営者にもスポーツ好きの人はたくさんいますが、どうしてなのかというと、身体を動かしているときには、考えないから、だと思います。考えることをやめて脳を休めることができる。

リーダーが仕事を頑張ることはとても大切なことですが、仕事だけ頑張っても、実はダメなのです。遊びも頑張ったほうがいい。

そうすることで脳が休まり、活性化する。じっと机に向かって考えているのでは出てこないようなアイディアも湧いてきます。

37 常に「何か、困ったことはない？」と声をかける

「ついていきたい」と思われるリーダーの口癖とは

リーダーの行動力、と聞いて、具体的に何をすればいいんだろう、と思う人もいるかもしれません。

私は端的に、部下から「ついていきたい」と思われるリーダーに問われる行動は、ひとつの言葉に集約されると思っています。

「何か、困ったことはない？」

多くの場合、部下が頭を悩ませているのは、なかなか解決できない問題を抱えてしまっていることがほとんどです。

だからこそ「何か、困ったことはない？」が有効になるのです。部下は自分からはなかなか困ったことを言いにくい。でも、リーダーのほうからこういった声かけ

が絶えずあれば、相談してみようと思うでしょう。

私はこれを、口癖にしていました。どこに行っても、現場を訪ねたときでも、「困ったことはない？」と聞いてみる。それはリーダーにしかできないことだと思っていたからです。

困ったことを助けてあげるには、権限が必要です。

権限を使ってヒト、モノ、カネのいずれかを動かすか、あるいは誰かに解決を依頼するか、あるいは自分が動くか。

いずれにしても、解決していないからこそ、「困ったこと」になっている。そして、それを解決できるのはリーダーなのです。

逆にいえば、これを解決してあげることで、このリーダーに「ついていきたい」という評価を得られるのだと思います。

「困っていること」は何とかしてあげないといけない

ただ、困っていることを部下に聞いたりしたら、自分には解決できないようなことを言われてしまうかもしれない、という心配もあるでしょう。しかし、そうであるなら、さらに自分の上司に相談するなり、社長に相談するなりしてみればいいのです。

実際、部下は困っているわけですから、何とかしてあげないといけない。

最近では、人数が減ったけれど仕事の量は変わらず、一人ひとりの負担が重くなってしまっている会社も多い、と聞きます。そのために、忙し過ぎる状態が続いたり、部下が明らかに疲弊してしまったりしている。

これぱかりは会社に言っても仕方がないこと、何とかこれでやっていくしかない、と考えているリーダーも少なくないのかもしれません。

しかし、部下が困っていることには変わりがないのです。困っていることは、何ら解決していない。「仕方がない」では、とても納得してくれませんし、これではリーダーについていくことなどできないでしょう。

部下が疲弊するほど忙しい、パンクしてしまうかもしれない、といった状況は、その仕事を減らす以外に、本質的にはやはり人を採用したり、異動させる、などといった交渉を会社にするしかないはずです。それは、リーダーにしかできない。今の状況をしっかり会社にアピールして、人材を獲得してくるのも、リーダーの役割なのです。

みんなが忙しくて困っている状態をそのままにして、疲弊している部下を叱咤《しった》激励するのか、それとも会社と粘り強く交渉してその事態から脱却するのか。

これこそ、リーダーの力量そのものといえます。

「困ったことはない？」と聞くと部下は難しいことを言ってくるのではないか、と恐れてはいけません。

逆にいえば、**その「困っている」ことの解決なしに、どんなに威勢の良いことを言ったところで、部下はリーダーについていこうとは思わないでしょう。**

「困ったことはない？」と急に聞かれてすぐに答えられるとしたら、部下は普段からよほどその問題に頭を悩ませているということ。それはぜひ解決してあげるべきです。

いつも「何か、困ったことはない？」と聞いてあげてください。それは「ついていきたい」と思われる、大切な言葉のひとつだと私は思っています。

38 文字に書いて、残すことで行動を管理する

必ずしもメールに本文などいらない

繰り返しになりますが、人間は忘れてしまう動物です。大切なことだって、平気で忘れてしまう。だから、口頭で言ったこと、聞いたことというのは、残らない可能性が高い。大切だな、と思うことはやはり文字にして書いて、残すべきだと私は思います。

今ではとても便利なツールができています。それこそが、メールです。**メールに大切なことを残しておけばいい。何を、だけではなく、誰に、いつ、どのように、も残せるのがメール。これは、有効に使わない手はありません。**

私は、立ち話でぱっと言われたり、報告を受けたり、さらには電話で伝えられたりしたことについても「後でメールを入れておいて。忘れてしまうから」と伝えるようにしていました。

それこそ社内を歩いたりすると、いろいろな人から声をかけられて、多くの情報に接することになります。電話も、かなりの数がかかってきます。何かお願いごとをされても、正直なところすべてはとても覚えてはいられません。それが現実だと思うのです。何か言っていたな、くらいは覚えていても、何だったのかは思い出せないことも多い。

しかし、メールを送っておいてもらえたら、後でチェックすることができます。

ただ、そうすると、どうしてもメールの数が増えてしまう、メールが読み切れない、なんてことにもなりうる。だからこそ、部下にお願いしていたのは、表題だけ見れば内容がわかるようにすることです。

もっといえば、できるだけ読み手に負担をかけないようなルールを、チーム内で作り上げてしまうのも、ひとつの方法です。例えば、結論を最初に書く。時間があれば中身を見ればいい、という流れにする……。

だらだらと長い文章があって、添付ファイルまで付いていて、クリックを何度もしないと結論にたどり着けないようなメールは御法度にしてしまうのです。

コンサルティング会社時代に、私が感心したのが、タイトルだけ、というメールでした。表題にアスタリスク（＊）が付いていれば、本文がないというメッセージ。「＊今日何時に集合」「＊会議時間の変更」など、一行で済んでしまうものは、本文を入れない。見たときは、何も書かずに返信だけする。そうすれば、最低限のクリックだけで良くなる。効率を重んじるコンサルならではと思いました。

基本的に上司は部下から報告がほしいものです。細かな報告はいい。やったかどうか、だけがわかればいい。ただ、それを求めるとメールが膨大になってしまいます。それなら「〇〇の件、順調」というタイトルだけでいい。

みんなの行動をすばやくできるメール術、ぜひ独自で編み出してほしいと思います。

年間の「やりたいことリスト」も書いておく

忘れてしまうから、と部下にメールを送ってもらっていた私ですが、私自身で覚えておかないといけないことも、「書き残す」ことを意識していました。

私の場合は、ポストイットに手書きで書いた「To do List」（やるべきことリスト）をパソコンに貼り付けていました。これで、やらなければいけないことは一目瞭然です。リストの個々の項目は、進行状況もわかるようにしていました。

項目ごとに円を書いて四等分し、四分の一ずつ、終わったところで塗りつぶしていくのです。これによって、今そのやるべきことがどのくらい進捗しているのか、二五％くらいまで来ているのか、五〇％くらいなのか、あるいは七五％まで来ているのか、わかるようにしていました。

やるべきことを管理するだけでなく、それぞれの進捗状況も目で把握できるのです。

書いて残すことを意識していたのは、直近のやらなければいけないことだけではありません。長期で「こんなことをやりたい」というものも、文字に落とし込んでいました。

ザ・ボディショップ時代、お正月に「今年こんなことをやりたい」と五〇の項目をリストアップして書いて発表したことを覚えています。社内報を発刊する、絶版になっていた創業者アニータ・ロディック著『BODY AND SOUL』を再版させる……。

こんなにたくさん夢のようなことができるわけがない、という声も聞こえてきそうでしたし、私も三分の一くらいもできたらいいなと思っていたのですが、振り返ってみると、その年末には七〇％以上の項目が達成できていたのでした。

書いて残すことによって、やるべきことに、より意識が向かうのだと思います。実際、ときどき見返していました。あの件はどうなった、と尋ねたりもしていました。

言ったら書く、思ったら書く。それを習慣にしてみるといいと思います。

39　不機嫌なときにはどうすればいいか？

自分なりの「儀式」を作ってバランスを取る

機嫌が悪いと部下に怒鳴り声を上げたり、あたり散らしたり……。そんなリーダーも、世の中にいないわけではありません。しかし、かっこいいリーダーの姿ではないことは、みなさんもすでにお気づきだと思います。

そこまではしなくても、不機嫌なときに、部下に冷たい対応をしてしまったり、そっけない対応をしてしまったりすることもあります。それは部下にとっては、極めて悲しいことです。

しかし、人間ですから機嫌が悪くなることもある。イライラするときもある。やる気がまったく出ないこともある。正直に告白すると、私自身もそうでした。そこで、「今はちょっとダメだな」と思ったときには、意識して席を外すようにしていました。

何をするわけではありません。社内をただ歩き回ってみる。誰かと目が合えば、「元気？　困ったことない？」「今ちょっと散歩中なんだ」と声をかける。打ち合わせをしている中に入って、「続けて、続けて。勉強させてね」などと話しているうちに気が晴れてくる。

それも億劫《おっくう》なときは、ちょっと外に出かけたりする。新鮮な空気を吸う。それだけで、気分転換になるものです。

不機嫌なときに、仕事をしようとしたり、いい顔をしようとしたりするのは無理がある。ならば、席を外してしまったほうがいいと思います。

そのかわり、普段はエンジン全開で、やる気満々で仕事に向かうし部下にも接する。それでバランスを取る、そのくらいに思っていい。人間は常に一〇〇％で走り続けることはできません。

また、不機嫌な理由を探ることもあります。お腹《なか》がすいていたり、寝不足だったり、機嫌の悪い原因が生理的なものによることも多い。ですから、そんなふうにならないように注意したり、対処法を考えたりする。ちゃんと食事をとったり、少し休息したり、睡眠を普段よりしっかりとってみる。

さらに、これは不機嫌なときに限りませんが、自分なりの気分転換法を持つのも、ひとつの方法です。私の場合、自分を仕事集中モードに持っていくときには、コーヒーを片手に、ガムをかむようにしています。今日は頑張ってこの資料を仕上げるぞ、プレゼンのための資料を読み込むぞ、というときには、ガムをかみながら行う。これは、儀式のようなものでした。

機嫌の悪い自分、やる気を出したい自分には、何かの対処法を持っておいたほうがいいでしょう。

クヨクヨしてもいい、謝ってもいい

私の場合、イライラしたり機嫌が悪くなったりする最大の要因は、時間を無駄に使っているとき、というケースが多いようです。それがわかっていますから、できるだけ時間を無駄に使わないように意識しています。

例えば、本を必ず持ち歩き、ちょっとした時間の合間があると、さっと取り出して読み始める。何かの待ち合わせがあったりするときにも、必ず本を持っていますから、相手が多少遅れてもまったく気になりません。むしろ、嫌味ではなく「三〇分も余計に本を読めたよ」なんて感謝することもあります。

もちろん機嫌が悪くなったりすることそのものを避けたいものですが、人間はそれほど強い生き物ではない、と私は思っています。

機嫌が悪くなるばかりではない。時にはクヨクヨすることもあるでしょう。そういうときには、人間らしさを出してもいい、とも思います。クヨクヨしているときは、クヨクヨしてしまうのです。

リーダーは、いつも強くて、みんなの前で弱い顔など見せてはいけない、と思い込んでいる人もいるのかもしれませんが、必ずしもそうではないと思います。クヨクヨするのも、人間の姿のひとつなのですから。

また、何かを間違えることもあります。間違いを絶対におかさない人など、まずいません。ですから、そういうときは、素直に間違いを認めて部下に謝る。

強く、かっこよくなくてもいい。それよりも潔い行動こそ、必ず部下は評価して

くれます。

そこに「自分をよく見せよう」「自分を大きく見せよう」といったてらいがないからです。部下は、そういうところには、極めて敏感だと思います。自分を大きく見せようとする人や、まわりの評価ばかり気にしている人は、自分に自信がないのだと思います。

自分のためでなく、会社のため。あるいは組織のため、部下のため。そんな姿勢を貫いて、正しいと思うことをする。時には弱みも見せる。

そんなリーダーの行動に、部下は「ついていきたい」と感じるのではないでしょうか。

第6章

リーダーは、多読家である必要はない

「ついていきたい」と思われるリーダーの「読書術」

読書というものは、ときに応じて読み方に浅深がある。自分のそのときに置かれた環境で、読み方が深くなったり浅くなったりする。

［三浦綾子］

40 気に入った本を繰り返し読んでみる

読む時期によって、受け止め方が変わる

リーダーには読書家が多い、という印象をお持ちの方も少なくないかもしれません。しかも、多くの本を読む多読家が多い、と。

しかし、私自身も本は読みますが、多読家というわけでは決してありません。実際、リーダーは多読家でなければならない、ということは、まったくないと思っています。

出張のときなど、読む時間がしっかり取れるときには、三、四時間読むこともありますが、忙しくてまったく読めない日もある。平均すれば、本を読む時間は一日一時間程度になるでしょうか。数えてみたら、去年、読んだ本は約四〇冊でした。月に三、四冊です。

しかも私の場合は、いろんな本を読むよりむしろ、気に入った同じ本を何度も繰り返して読むことが少なくありません。新しい本もよく買いますが、特にここ数年は、昔読んだいい本をもう一度、読み返すことが増えました。ビジネス書に限りません。小説もよく読みます。

司馬遼太郎さんの『竜馬がゆく』『坂の上の雲』『翔ぶが如く』（いずれも文春文庫）などは、何度読んだかわからないほどです。ビジネス書にも『ビジョナリーカンパニー2』、ドラッカーの『経営者の条件』（ダイヤモンド社）、安岡正篤先生の『活眼活学』（PHP文庫）をはじめ、何度も読んでいる本がいくつもあります。

面白いのは、同じ本でも、読む時期によって受け止め方が変わることです。一〇年前に読んだときと、今とでは気になる箇所が変わっていたりします。

私は黄色のマーカーを引きながら読んでいきますから、「ああ、昔はこんなところに目が止まっていたのか」とわかります。それが、今とは大きく違ったりする。

これは、前に読んだときよりも視野が広がり、異なる見方を自分ができていたり、成長したりしているということでしょう。

本の読み方も、深くなっているのだと思います。同じ本でも、読み返すと別のところが気になったりするのです。

成長していれば、新しい気づきが得られる

つい最近も『坂の上の雲』を読んだのですが、実は昔、読んだときにはそれほど面白いと思わなかったこの小説が、とても面白く感じました。やはり、読み手の私が大人になっていたのだと思います。

『坂の上の雲』は、日露戦争の物語です。当時は日本がロシアと戦争をして、勝てるなどと世界の誰もが思っていませんでした。ところが、日本は積極的な攻勢で戦争を綱渡り的に優位に進めていきます。

そして戦争の分岐点のひとつになったともいわれ、日本側に驚くほど多数の犠牲者を出した「二〇三高地」を制した頃、世界が恐れたバルチック艦隊がいよいよ日本に向かってくるという情報を日本は得ます。

このとき、日本の艦隊はドックに戻って修理をするのですが、本来なら二カ月半

かかるところを、わずか一カ月と二〇日ほどで修理してしまったのでした。整備の職人さんたちは食事も立ってとりながら、休みなしで作業をして頑張ったといいます。

絶対に勝てないといわれたロシアに日本の海軍が勝ったのは、もちろん海軍を率いた東郷平八郎のカリスマ的なリーダーシップや、作戦のうまさもあったかもしれません。しかし、ドックの整備工のみなさんまでもが、このままでは日本は滅びると意気に感じ奮闘したからこそ、あの勝利はあったのだと思います。

それを読んだとき、若い時代には感じなかったことが、頭に思い浮かんだのです。あのときの日本人のような気概が、今の日本にあるだろうか、と。その気概や危機感、緊張感が、今の日本には失われているのではないか、と。

こんなことは、前に読んだときには感じませんでした。そんな箇所があることすら覚えていなかったのです。

経営者を経験して、この会社をどうしようか、さらにはこの社会やこの国をどうしようか、という観点を少しでも持てるようになったからこそ、この部分に気づくことができたのだと思います。

同じ本を二回も読むなんて、と思われる方もいらっしゃるかもしれませんが、実は内容はほとんど覚えていないものです。あれ、こんなことが書いてあったかな、と感じることもとても多くあります。

むしろ、新たな発見があって新鮮味が増したりもします。**あれは面白かったなぁ、と思える本をもう一度読んでみる。ぜひやってみてほしいと思います。**

学生時代、教科書を一回読んだだけで、テストで満点をとれる人はいないと思います。良い本は繰り返し読んでこそ、内容が血肉化していくのです。

41 同時並行で、いろいろな本を読む

いいな、と思った本は出会ったときに必ず買っておく

本は出会いがとても大切だと私は思います。

「あ、これはいいな」と自分が感じるのには、必ず理由があるはずです。ところが、そのときに買わないと、そのタイトルを忘れてしまったり、さらには出会ったことさえ忘れてしまったりすることがよくあります。

結果として、本来なら興味があって、役に立ったかもしれない本を買わないままにしてしまうことがあります。タイトルを思い出すことができなくて、買っておけば良かった、と後悔させられたことが、過去に何度もありました。

だから、「あ、いいな」と思った瞬間に、私は必ず買うようにしています。後で読むことにしてもかまわないので、家に積んでおく。そうすると、何かの拍子に読みたくなるものです。

実際、自分のほうに何かの関心があると必ず、それに合った本は見つかります。例えば、リーダーシップに関心を持っていると、リーダーシップの本が目に止まるようになる。おかげで、この一年ほどで私は、リーダーシップの世界で有名な本はほとんど読むことになりました。

本との出会い方で、もうひとつ重視しているのが、作家で選ぶことです。その作家が好きか嫌いか、ということではありません。**何かの面で役に立つか、立たないかという視点で見てみる。そして役に立つと判断すれば、その作家の作品をすべて読み進めるのです。**

例えば、先端の情報を取りに行きたいときには、マッキンゼーのコンサルタントだった大前研一さんの本はとてもわかりやすいものがあります。情報量もあるし、体系的に、極めて明快にまとめられています。

また、歴史観や日本というものをどう捉えるか、という大局観を身につける上では、渡部昇一さん、小室直樹さんの本が、とても勉強になりました。人間としての徳を学ぶという点で、安岡正篤さんの本もほとんど読み込みました。お薦めは、P

HP研究所から刊行されている講話録です。

例えば、リーダーシップのウォレン・ベニスもそうですが、「この人なら」「このテーマなら」と思った人に出会えたら、その著作をすべて読んでみる。新刊が出たら、必ず読むようにする。そうすることで、体系的に考え方が学べると私は思っています。

もちろん同じ作家の本を読んでいると、重なる部分も多い。でも、それは著者としてとても重要なことだから繰り返しているということです。何度も同じ内容を読めば、自然とそれが頭に焼き付けられていきます。

マーカーや名刺で成長や変化を味わう

私は四、五冊、同時進行で本を読み進めることがほとんどです。気分によって読みたい本もさまざまに変わるものです。いろんな本が読みかけになっていれば、気分に合ったものを読み進めることができる。

一方で、ちょっと読んでみて、つまらないな、どうも今の自分に合わないな、と思った本は、あっさりと読むのをやめてしまいます。

読むときには、小説以外はマーカーを必ず手に持って読みます。そして、気になる箇所にマークしていく。そうすれば、後から軽く読み返したいと思ったときに斜め読みができます。フレーズを抜き書きしたい、と思った箇所には付箋を貼ったり、ページの角を折ったりすることもあります。

ただ読み流すだけでは心に残らないので、ノートも万年筆も、少し高価な、気に入るものを自分で買ってきて、心をこめて書き写しています。これは、とてもいい習慣だと思っています。

先にマネジメントレターで、リーダーに贈る言葉を書いていた話をしましたが、このとき、このノートからよく抜き出していました。

やはりただ読むよりは、線を引いたり、何かの印を付けたり、抜き書きしたりするほうが、頭に入ります。

ある程度の時間を置いて、二度目にじっくり読み込むときには、一度目とマーカーの色を変えます。そうすれば、一度目との違いがわかります。二度目、三度目に読むときのことを考えても、読み終わったら最後のページなどに、日付を入れておくのも大切なことだと思います。いつ読んだのか、がわかるからです。

日付をメモするのが面倒なら、そのときに持っている名刺をはさんでおくのもいい。どんな仕事をしていたか、名刺を見れば一目瞭然です。「なるほど、このときは転職したばかりだったな」「ああ、そういえば、このときは営業で苦労していたんだなぁ」などと、当時の状況を思い出しながら、過去のマーカーに思いを巡らせていくのも面白いものです。

そうすることで、自分の成長ぶりや、当時との変化も味わいながら、本を読み進めていくことができます。

42 本は自分で買いなさい

いい本は、部下やチームと共有する

いいな、と思った本は必ず買うように心がけているからでしょうか、ときどき失敗してしまうことがあります。すでに買って家に置いてあるのに、同じ本を二冊、三冊と買ってしまうことがあります。

そんなときには、「伸びてほしい」と思える部下に、その買った本をプレゼントしていました。「間違って同じ本を買ったから」と言えば相手にしても受け取りやすいですし、何より二度買おうと思った本は、良い本であることが多い。

ダブって買ってしまったときでなくても、「この本は、彼に読んでほしいな」と思った本があれば、部下にプレゼントすることもよくありました。向上心の強いビジネスパーソンで、本をプレゼントされて嫌な思いをする人はいない、というのが

私の印象です。ましてや、「これ良かったよ」と感想を添えて渡すと、なおさらです。

また、自分がリーダーを務めるチームで、「この本を読んでおくといい」という本を共有しておくことは、とてもいいことだと思います。本によって共通言語を持つことができ、そこからコミュニケーションをスタートさせることができるからです。

『ビジョナリーカンパニー2』なら、まず必要なことは人を選ぶことだ、ということがわかる。それが共通認識になる。何かのプロジェクトを進めるときにも、まずは人選から考えるようになります。

プロジェクトの基盤になるような戦略やマーケティングなどのフレームワークや考え方が、仕事上の日常会話に出てきたら、それはチームに浸透した証拠。共通の理解のもとで仕事ができれば、話は早くなります。

チーム内でコミュニケーションのステージを上げるためにも、本という情報の共有は価値あることだと思います。

しかし、全員がその本を読んで興味を持つかどうかわかりません。

ザ・ボディショップ時代、私が経営の教科書としている『ビジョナリーカンパニー2』を、ぜひみんな読んで、感想文を書いてほしい、と伝えました。これからはみんながこの本を読んでいるという前提で話をするので、と。

ところが、部長以上の全員に会社から支給してもらったのですが、お客様のクレームを受け付ける最前線で仕事をしている部門長の関心は、別のところにあったとわかりました。にもかかわらず、一方的な押しつけをしてしまった。

このときは、本人から「面白くなかったです」とダイレクトに言ってもらえて、むしろ良かったと思いました。経営に関心のない人には、読んでも面白い本とはいえないし、実感がわかないだろうと反省しました。

身銭を切って本に投資する

会社で本を勧めると、「図書館で借りてくる」と言っていたスタッフがいました。

もちろん考え方は人それぞれですが、個人的には雑誌以外は図書館の本を借りてくることはしません。

なぜなら、本に書き込んだり、ページを折ったり、マーカーを引くことができないからです。また、購入した本でなければ、何年か後にもう一度読んでみよう、ということにはなかなかならないでしょう。

もっといえば、やはり本にはしっかり投資してほしい、と思います。自分のお金を出して、仕事に役立てようと思って買う。そうすれば、読む真剣さも変わってきます。

もし目の前に無料の本と、自分のお金を出して買った本があったら、どちらの本を読むでしょうか。おそらく、自分のお金を出して買った本だと思います。

自分で本に投資するというのは、そういう意味合いもある。**身銭を切っているから、しっかり読むということにもつながると思います。**

それともうひとつ、自分で選んで買った本には自信を持ってほしいと思っています。よく、本にカバーをかけて読んでいる人がいます。

人それぞれいろいろな理由があるとは思いますが、カバーをかけてタイトルを人に見られないようにするのは、著者に失礼なんじゃないかと思います。できれば堂々と読むべきです。私は、そう思っています。

43 心を豊かにし、震わせる本や映画に触れる

若いときに読めば、役に立つハウツー本もある

いわゆるマニュアル本的に、こんなふうにすればこうなる、といったハウツー本を読むことは、今はまずありません。表面的にいくらテクニックを磨いたとしても、それは所詮、付け焼き刃です。

本当の力は磨かれないし、自分の言葉で仕事を語ることもできなくなる。

もし、ハウツー本に出ている、そのままのような言葉を、リーダーが部下の前で語ってしまったら、それは極めて薄っぺらなものになってしまうでしょう。考え方にしても、仕事のスキルにしても、長い時間をかけて自分のものになっていくものなのです。

焦って、表面的にかっこいいことを言おうとしたり、ハウツー本に出ているような言葉を使ったりしても、部下は「ついていきたい」とは思わないと思います。む

しろ部下が知りたいのは、リーダーが自ら経験して得た、自らの言葉や考え方だからです。

ただ、ハウツー本に一〇〇％意味がないのかといえば、そんなこともないと思っています。実は私も学生時代や新入社員の頃には、ハウツー本をよく読んでいました。中でも、よく読んでいたのが、時間の使い方に関する本です。

当時から忙しい日々を送っていましたから、時間を無駄にはしたくありませんでした。そこで、どうすれば上手に時間を使うことができるか、学ぼうと思ったのでした。

もうひとつ、よく読んでいたのが、いい習慣づくりに関する本です。どんな習慣を持っていれば、充実した毎日が送れるのか。そのヒントが書かれている本です。

時間の使い方に関する本は、時間を無駄にしたくない私にとって、いろいろなヒントを与えてくれました。とりわけ若い頃から、「時間は最も貴重な資源」であり、「時間をうまく使う方法がある」という意識を持つことができたこと、そのものが大きかったと思います。

ここから、自分なりの時間管理法を作ることができたのです。

習慣づくりの本も同様です。習慣がどのように日常に影響を及ぼすのか、ハウツー本で書かれていた習慣を実践したことに大きな意味があったと思っています。「はじめは人が習慣を作り、それから習慣が人を作る」のです。良い習慣を若いうちに身につける必要があることを学べたと思います。

いかに人の心を動かすか、を学ぶ

五〇歳を過ぎて今、改めて思うのは、やはり心を豊かにする本を読まなければいけないな、ということです。もちろん仕事に直結するビジネス書を読むことも大切ですが、それとは別に人間としての感性を高めるような本、心を震わせられるような本を、もっと読んでいきたいと考えています。

マネジメントしかり、リーダーシップしかり、結局のところ、大切になるのはいかに人を動かすか、ということ。もっといえば、いかに人の心を動かすか、ということです。

となれば、人の心をもっともっと理解できなければいけません。人の心の動きをもっともっと理解できるようにならないといけない。人の思いや、心の機微、そういったものを知っておかなければいけないと思います。

ただ、そう考えると、どうしても小説に走ることになります。小説を読んでいると面白くてのめり込んでしまうので、勉強ではなくて自分の快楽のために読んでいるような気がしてきてしまいます。そのために、なかなか手が出せない。現役を引退してから読もう、という思いもあるのです。これが難しいところです。

一方で、人情の機微を学ぶという意味では、映画を見ることも大切だと思っています。私は映画も大好きで、時間ができると一人でも映画館に飛び込むことがあります。

昔は洋画をよく見たのですが、今は日本映画も含め手当たり次第に見ています。月にDVDも含めて二、三本は見ます。古い作品ですが「風と共に去りぬ」「ショーシャンクの空に」「ライフ・イズ・ビューティフル」は何度も見て、そのたびに感動しています。

ここ数年で、洋画で感動したのは、クリント・イーストウッドの「グラン・トリノ」、マイケル・ジャクソンの「THIS IS IT」です。これはそれぞれ三回見ました。特にイーストウッドの監督作品は「人としての正しい生き方」を教えてくれます。

邦画はあまり見なかったのですが、最近は大ヒットした「ALWAYS 三丁目の夕日」シリーズや「ザ・マジックアワー」などの三谷幸喜さん監督作品に注目しています。

映画を見るときは、思い切り感情移入しています。号泣してしまうこともよくあります。映画は非日常性を味わうために見るもの。思い切り主人公になりきって楽しんでいます。それが感受性を豊かにしてくれるから。いつまでもこの感性を大切にしたいと思っています。

ときどき心を揺さぶっておくことは、リーダーとして人の心に触れたいときに、間違いなく生きてくる。人の痛みがわかる感性を鈍らせない。

「ついていきたい」と思われるリーダーシップの、重要なヒントになると思います。

44 大きな志を持つために、大きな発想をする

『竜馬がゆく』に学ぶリーダーシップ

いろいろな本を読むと、多くの気づきが得られます。それは、ビジネスに関する本かどうかにかかわらず、です。だからこそ私は、ビジネス以外の本もぜひ手に取ってみてほしいと思います。

例えば、私の大好きな一冊に司馬遼太郎さんの『竜馬がゆく』がありますが、あの本を読んでいるとつくづく、リーダーには志が必要だ、ということを感じます。

しかも、できるだけ大きな志を持つ。

幕末には、たくさんの志士が現れますが、なぜ坂本龍馬はあれほどたくさんの人を惹《ひ》きつけたのか。また、なぜ多くの志士が、「龍馬を信じ、ついていきたい」と考え、行動したのか。みなさんは、おわかりでしょうか。それは、「日本を今一度

せんたくいたし申候」という途方もなくスケールの大きな志があったからだと思います。

同じように人気の志士に、長州藩の高杉晋作や長岡藩の河井継之助がいますが、彼らも人間として、男として極めて魅力的でありながら、龍馬ほどのリーダーシップは発揮できていません。そのひとつの理由は、二人とも結局、自分の所属していた長州や長岡といった藩の枠から離れることができなかったからではないか、と思います。

一方で坂本龍馬には、日本全体を考えるという、当時としては途方もなく大きな志が詰まっていた。だからこそ、龍馬は多くの人の心を動かすことができたのです。

いかに大きな志を、そして正しい志を抱けるか。それがリーダーには問われるということです。

では、どうすれば大きな志を持てるのか。

そのひとつの方法は、できるだけ高い視点で物事を眺めようとすることです。

例えば、組織の中であれば、チームリーダーや課長、部長であったとしても、常に経営者的な視点で物事を考えようとすること。自分は課長に過ぎないから、という考え方ではなく、もし社長だったらどうするか、と考えてみる。

そうすれば、自分がリーダーとして行おうとすることも変わっていくはずです。会社全体として、あるいは世の中全体の視点で見たときに、今の自分のチームは何をやるべきか、どんな意識を持つべきか、考えられるようになる。

そしてそうした高い志と視野を持った部下こそを、経営者は登用したいと考えます。なぜなら、自分に近い感覚を持っているからです。

サラリーマンスキルに長《た》けただけの人には、これがないことが多い。だから、上までは行けないのです。

チームリーダーや課長、部長の時代から、社長の発想で物事を見つめるべきです。

それが、大きな志を生む。人が「ついていきたい」と思うようなリーダーは、そうやって形作られていくのだと思います。

本も自分の貴重な時間を使って読むのです。無駄にしないためにも、主人公になりきって、高い視座で読んでみる。

これが、ただ読むだけではない、それ以上の読書効果をもたらしてくれると私は思っています。

第7章

リーダーは、弱くてもかまわない

「ついていきたい」と思われるリーダーの「人間力」

人々を大切にするリーダーは、人々の目的のために役立とうという欲求によって動機づけられている。そして、リーダーとともに進む人々の尊厳を大切にすることによって、個人個人の生活の改善と社会全体の進歩を促進する。

［ラリー・R・ドニソーン］

45 優れたリーダーは、優れた人間力を持っている

伸び続ける人、伸び止まる人

リーダーに求められるものはさまざまですが、本当に優れたリーダーになるには、絶対に欠かすことができないことがあると私は考えています。

それが「人間力」です。「この人のために」「ついていきたい」と部下に思ってもらうためには、優れた人間性が必要になると思います。

もちろん、最初から優れた人格の持ち主はいません。ただ、優れた人格の持ち主になろうと努力する人はいます。そういう人たちこそ、周囲から人格者だと評価される人ではないかと私は思います。

では、優れたリーダーたちは、どうしてそうした思いを得るに至ったのか。背景にあるのは、自分に対する厳しい見方なのではないか、と私は思います。

例えば、そもそも人間というのは、弱いものである、と理解することです。

時に悩み、惑い、クヨクヨしたり、あるいはイライラしたり、怒ったり、不機嫌になったり、誘惑に心を奪われたり、はやる心が抑えられなかったりする。それが人間だとわかっているということです。

自らを弱いものと自覚することができれば、その弱さとしっかり向き合って、負けないようにしよう、という覚悟を持つことができます。自分の甘さを認識し、自分をもっと強くしよう、向上させようという謙虚な意識を持つことにつながります。

言葉を換えれば、安易に自分を肯定しない、ということです。

まだまだ自分は未完だと認識し、未完だからこそ努力しなければいけないと思う。

そういう姿勢を持っているからこそ、常に成長が続いていきます。

そして、人間として大きく成長しているにもかかわらず、自分は未完だと認識している。そういうリーダーに、人はどんな印象を持つでしょうか。

基本的に、伸び続けている人というのは、謙虚な人です。まだまだだ、これからだ、という意識を強く持っている。だからこそ、成長し続けることができるのです。

どうすれば、そんな感覚を持てるようになるのでしょうか？　私は、自分の志、なりたい姿の要求水準を高く設定することだと思います。大きな志は仕事に対してだけではなく、自分に対しても持つことです。世界の黒澤明監督が自分の「どの作品が一番か？」と聞かれ、「NEXT！」と答えた話は有名です。

誰か具体的に目標になる人、「意中の人」を持つことも良いかもしれません。常に自分はまだまだだ、こんなところで満足していてはいけないという気持ちから、謙虚さが生まれてくるのではないでしょうか。

あるいは、自分は常に誰かに見られているのだ、と意識すること。絶対的な存在たる天、あるいは神様が見ている、という感覚を持つこと。「畏れ」を持つ、と言い換えてもいいかもしれません。

傲慢になってしまう人は、もう現状の自分に満足してしまい、こうした感覚がなくなるのです。目標とする自分に対して、目標の人と比べて、自分はまだまだ全然ダメである、という感覚があれば、傲慢になどなれるはずがありません。
そして、畏れを持っている。そうすれば必然的に謙虚になるのです。

かぶる帽子はひとつにしなさい

今や世界的なブランドになったスターバックスの元幹部の一人、ハワード・ビーハーの著書『スターバックスを世界一にするために守り続けてきた大切な原則』(日本経済新聞出版社)の中に、こんなフレーズがありました。

「かぶる帽子をひとつにする」

かぶる帽子を取り替えるように、対応する相手やそのときどきの環境によって人間性を変える人がいる。それはやってはいけない、帽子はひとつだけにしなさい、という意味の言葉です。

リーダーは強くなければいけない、威厳がなければいけない、常に部下に発信しなければいけない……。

そんな世間一般のリーダーのイメージそのままに、本当の自分が思ってもいないことを、やってしまおうとするリーダーが少なくありません。実はこれも、いろんな帽子をかぶってしまっているということです。

上司の前ではこの帽子を、部下の前ではこの帽子を、お客様の前ではこの帽子を、というのでは、二面性がある人間だと思われてしまいかねない。人によって対応を変える人間だ、とむしろ信頼を失ってしまいます。

自分は自分なのです。自分らしさを出せばいいのです。

背伸びをしたところで、所詮それは、本当の自分ではない。誰と会っても、どこに行っても、ひとつの帽子で貫くことです。同じような態度で、同じように接する。できるだけ謙虚に。

私は人によって態度を変えるのが嫌です。だから、目下の人に対しても、目上の人に接するのと同じように、態度を変えないようにしています。

そうすると、みんなから謙虚で腰の低い人と見てもらえるようになります。私は自分自身をそれこそ「普通のおじさん」と見られていいと思っています。

向き合う人によって態度を変えるのでは、人間性を疑われても仕方がありません。上から見た評価と、下から見た評価が違うリーダーは、やはり問題です。

その姿を、部下はしっかり見ています。こういうところから、部下はリーダーを見極めているのだと思います。

46 「人間力」が疑われるようなことをしてはいけない

人の悪口や自慢話は控えておく

人間力が疑われる危険は、実は日常に数多く潜んでいます。例えば、誰かの悪口を言ってしまう。これは良くない。

会社の悪口、上司の悪口、同僚の悪口や部下の悪口、取引先の悪口、もっといえば社会の悪口や政治の悪口……。悪口というのは、言っている本人はすっきりするのかもしれませんが、聞いているほうは気持ちのいいものではありません。もしかして自分のこともどこかで悪く言っているんじゃないか、などと思われても仕方がありません。

悪口を言うことは、むしろ自分をおとしめることになる可能性が高いことに注意をしておかなければなりません。

また、自慢話も同様です。人の自慢話を延々と聞かされて、良い気持ちになる人はいません。それがわかっていれば、自慢話など出てこないでしょう。

私自身、リーダーを評価するときに、自慢話を延々と続けている人がいたりすると、ちょっとそれまでかな、という印象を持ちます。

やってきた実績を語るな、ということではありません。

ここまでやってきても満足することなく、まだまだという気持ちがありながら、淡々と自分の過去が語られていくのは、自慢話には聞こえないのです。

謙虚な気持ちで、自分は未完だ、まだまだだ、という思いを持ちながら語れているか。まわりの人は、そこに気づくのだと思います。もし、こんなことを話してしまったら自慢に思われるかもしれないな、と思ったら、黙っていたほうがいい。聞かれて答えるなら別ですが、自分からは語り出さないほうがいいと思います。

自分はこんなに頑張ったんだ、ということを多くの人に知ってもらいたい、という気持ちの表れなのかもしれません。

しかし、こういうところこそ人間性が問われるのです。自分を大きく見せようとしない。よく見せようとしない。その心が必要です。

もしたしかな実績を上げているのであれば、必ず誰かが見てくれているものです。そうすれば、自分から言わなくても、誰かが伝えてみんなが理解してくれるようになる。これこそ、あなたが知られる最良の方法だと思います。

とはいえ私も人の悪口を言ったり、ついつい自慢話をして、後で自己嫌悪してしまうことも少なからずあります。本当に難しいことだからこそ、「人間力」が試されるのだと思います。

権力を手にするからこそ、「人間力」が試される

リーダーとしてのポジションが上がると、次第に権力も大きくなっていきます。企業であれば、使えるお金も増えていくし、できることも増えていく。権力に吸い寄せられるように近づいてくる人も増える。何か有利に取り計らってもらおうとゴマをする人も出てくる。部下が増え、動かせるお金も増え、机も広くなっていく。部下を評価したり、異動させたりできる権力も手にする……。

ここで問われてくるのも、やはり人間力なのです。さまざまな誘惑、正しくない行いから、いかに逃れられるか。正しい人間としての目を、持ち続けることができるか。人間力が試されるのです。

権力とは責任のこと。権力が増えるということは、それだけ責任が増えるということです。その自覚が持てるか。そして同時に、責任が増えるからこそ、自分を律することができるか。弱い立場の人間に目を向けることができるか。

誘惑から逃れるために私が意識していたのは、自分の行動を絶対に誰かが見ている、という感覚を持つことです。

昔から「神様が見ている」「お天道様が見ている」「天が見ている」などと言われてきました。誰か大いなる存在に見られているという感覚がとても大切です。今していることを「子どもに見せられるか、話せるか」と自問自答しても良いかもしれません。

こういうところでも、人間力は試されるのです。

47 徳を高めていく意識を持つ

人間としての自分をどう高めていくか

では、人間力が高いとは、どういうことなのでしょうか。それは、人として立派になっていく、ということだと私は思っています。それをどのようにして学んでいくのか。

ひとつは、徳を高められる本を読んでいく、ということです。私がたどり着いたのは、『論語』に代表される東洋哲学でした。実は二〇〇〇年以上前から、人間はこのようにするべきだ、人として立派になっていくにはこうするべきだ、ということは語られていたのです。昔は学問といえば、そういった人間としての徳をどう高めていくかということでした。それを今に伝えてくれるのは、『論語』『孟子』であり、安岡正篤さんなど、東洋哲学に詳しい人たちの著書です。

松下幸之助さんの『素直な心になるために』（PHP研究所）やデール・カーネギーの『人を動かす』（創元社）といった古典的な自己啓発本を読むのもひとつの方法だと思います。なぜなら、原理原則は東洋哲学とほとんど同じことが書いてあるからです。

端的にいえることは、人間が目指すべきは、出世やお金などではない、ということです。

人間としての徳をどう高めていくか、ということ。その努力を常にできるか。自分のためでなく、他者や社会に目を向けることができるか、ということです。

だからこそ、人を治める前に、自分を修めることが必要になります。

自分を高めようと努力し、自分を修めようとしている人は、自慢話などしないものです。人の悪口を言ったりしない。権力を手に入れても、誘惑に心を動かされることはないし、不機嫌だからと部下にあたったりもしない。自分のことはいいから、と誰かを気遣う。いつも社会に、弱者に、相手に目を向けている。

そうした行動が結果的に、人間力の高さとして周囲から評価されるのだと思います。

こうしたことが自分には足りていないと気づいた私は、人間力を高めよう、自分を修めよう、自分のことではなく他者や社会に目を向けよう、という意識を持つように心がけていました。今も全然身についていませんが。

そのため安岡正篤さんの本や、いわゆる四書五経（四書は『論語』『大学』『中庸』『孟子』、五経は『易経』『書経』『詩経』『礼記』『春秋』）を読むように心がけていました。

こうした意識や読書経験が、波乱万丈の人生の中でも、心の平安を保ちつつ、まわりの応援をいただいて運良く実績を上げてこられた最大の理由だったと思っています。

人間的な成長をすることこそが、成功である

私はこれまでたくさんのリーダーにお会いしてきましたが、とりわけ印象深かった人物に、ザ・ボディショップの創業者の故アニータ・ロディックさんがいます。

ザ・ボディショップ発展の背景には、アニータの、世の中には不安につけこんだ販売（特に化粧品）が多い、これは道徳に反しているのではないか、という思いがあったといいます。

だからこそ、ウソをつかないビジネスを彼女は目指しました。あらゆるビジネスが「女性」の考え方、すなわち愛、思いやり、直感といった資質で動かされれば、計り知れない改善がもたらされるだろうと。

ザ・ボディショップは、環境保護や人権擁護にも力を入れました。そして、そのアニータの考えが広く受け入れられ、事業は大きく成功しました。

私はザ・ボディショップの社長として、いつもプレッシャーを感じていました。「自分はアニータのような立派な人にはなれない」という思いがあったからです。ただ、アニータの取り組みを見て、私は、絶対的レベルは違うけれど、向かっている方向は同じだから、と自分を慰めていました。そのことに、彼女も気づいてくれたのだと思います。社長を務めている間、私を高く評価し、友人として接してくれました。

アニータは亡くなったとき、数百億円ともいわれる遺産を、自分の娘たちには残さずに財団に寄付したといわれています。生きているときからそう宣言し、自分の本にも書いていました。彼女は自分のことは経営者でなく「アクティビスト（社会変革の活動家）」だと言っていました。すばらしい生き方だし、それを最後まで貫いた人だと思います。

世間一般では、成功することは、お金持ちになることや、高い社会的地位を手に入れることだというイメージが持たれています。しかし、本当にそうなのでしょうか？

仮に、人間として正しい行いをせずに、お金持ちになったり、高い社会的地位を手に入れたりして、本当にそれは成功といえるのでしょうか？

生きることの根本の部分をよく考えてみるべきだと思います。

成功は、目指すべきものではないのです。人間的な成長こそが、必要です。そして人間的な成長をすること自体が成功だと思います。

48 挫折や失敗が、人を優しくする

自分がこんなに弱いのに、人に厳しくできるわけがない

リーダーはすいすい、ストレートに偉くなっていくもの。できれば自分もそうありたい。だから、挫折や失敗、苦しい経験はできる限りしたくない……。そんなふうに思う人も少なくないかもしれません。しかし、私はそうは思いません。

思えば、社会に出てからの私にとって初めての大きな挫折は、日産自動車時代、アメリカ留学の前に、やらなければいけない英語の勉強と、途方もない量の仕事とで、ほとんどノイローゼのような状態になってしまったことでした。

それまでの私は、いろいろな苦しい経験はありながらも仕事に懸命に向かっていたし、実績も出していました。だから、まわりに対しても同じようなことを求めました。

できない人を見ると、「どうしてできないんだ」「なぜやろうとしないんだ」とイ

ライラしたこともありました。傲慢な若者でした。

しかし、ノイローゼになってみて初めて、私はこんなふうに思うようになったのでした。**こんなにも自分は弱いのに、どうして人に厳しくできるのか、**と。

もし、このノイローゼ経験がないまま過ごしていたら、まわりに厳しく接する、鼻持ちならない自信過剰な嫌なヤツになっていたかもしれません。

しかし、自分が挫折を経験できたことで、人の気持ちを思いやれるようになりました。人の痛みをきちんと理解しなければいけないのだ、ということがわかるようになりました。

そして何よりも、人を許せるようになりました。人に腹を立てることがなくなりました。**人は決して強くない。完璧な人間などいない。時に弱さを見せることもある。それはあっていいし、当たり前のことだ、**と。

この感覚は、後にリーダーとして人を引っ張っていくときのベースになりました。この気づきを得られたことによって、私のマネジメントスタイルは大きく変わったと思います。

挫折をしたおかげで、リーダーになくてはならない「人の痛みがわかる」という感覚を、手に入れることができたのです。

人生には、無駄な経験は何ひとつない

思わぬ経験が思わぬ形で役に立ったこともあります。入社三年目で、自動車販売会社に出向しセールスの仕事をしていました。一年半の長きにわたる出向、しかも飛び込み訪問の厳しいセールスです。どうして自分がこんな仕事を、と思ったこともありました。それでも私は自分なりに社長賞を目指し、懸命に頑張ったのでした。

その後、アメリカ留学を経て、財務部門に配属になり、巨額の資金調達をしたり金融工学を駆使してお金を儲《もう》ける、花形といっていい部署で経験を積むことになりました。

そしてコンサルティング会社に転職をするのですが、そこの若手たちは、超一流大学を出て、豊富なコンサル知識やロジック展開を見事にマスターしていて、とびきり優秀でした。年は一〇歳ほども違うのですが、私は議論ではまるで歯が立たないのです。

転職直前まで行っていた財務部門での金額の大きな仕事には、彼らはあまり興味を示しませんでした。

ところが、現場での自動車セールスの話だけは、真剣に耳を傾けてくれたのでした。彼らには、そういった現場での経験がなかったからです。一年半にわたって、実地で車をセールスした私の経験は、彼らには未知の世界だったのでしょう。おかげで、その経験を持っている私を、大いにリスペクトしてくれたのでした。

できればやりたくなかった現場仕事。でも、コンサルティング会社で若手からの尊敬を最も受けたのが、実はこの経験だったのです。

セールス出向後、アメリカ留学を目指した社内選抜試験においても、本社に復帰していた販売会社の社長が私のセールスマンとしての実績を高く買って、強く推してくれました。そのおかげもあり、高い倍率の中、合格できた。セールスマンの経験が思わぬところで結びつき、本当に頑張っておいて良かった、と思いました。

長く仕事をしてきて私が思うのは、たとえどんな経験であったとしても、そのときそのときで一所懸命に頑張っていれば、無駄な経験など何ひとつない、ということです。

どこかで必ず役に立つときが来る。そして、挫折や失敗、苦しい経験は、役に立つばかりでなく、大きな意味があります。何より人間として自分を一回り大きくしてくれる。人間力を鍛えてくれるのです。だから、逃げてはいけない。真正面から、向き合うことです。

私も挫折や失敗、苦労を積み重ねてきました。年を経ても、挫折はします。私はそういうときには、こう思うようにしています。神様が、試練をまたくださったのだ、と。これを糧に、もっと成長しなさい、と。

ランディ・パウシュの「レンガの壁がそこにあるのには、理由がある。僕の行く手を阻むためにあるのではない。その壁の向こうにある『何か』を自分がどれほど真剣に望んでいるか、証明するチャンスを与えているのだ」という言葉は、どれほど勇気づけられる言葉か。

そう思えれば、挫折も乗り越えられる。そして苦しむからこそ、この経験を絶対にいつか生かしたい、と思うのです。

49 無私の心を持つ

志やミッションを旗印にする

では、部下が「ついていきたい」と感じる人間力とはどのようなものなのか。どうすれば、人間力を示すことができるのか。ひとつ、実践するにはとても難しいのですが、端的な方法があると私は思っています。

それは、「無私の心を持つ」ということです。私心を捨てる、自分のことを一切考えない、と言い換えてもいいかもしれません。

部下の立場に立ってみるといいと思うのです。リーダーが自分の出世や、自分の結果を出すためだけに働いていたとして、その人のために頑張ろう、と思えるでしょうか。

もっと頑張れ、もっと成果を出せ、もっと利益を上げろ、と言っている理由が、自分の出世のためだったとしたら……。部下はとても、やる気になれないでしょう。

しかし、そうではなくて、あくまで会社のため、お客様のため、率いるチームのため、という姿勢に徹していたらどうか。もしくは、部下の成長のため、自分のことはどうでもいい、という気持ちで部下に接していたとしたらどうでしょうか。部下のやる気は、まったく違うものになると思います。

私もできるだけそうするよう、努力してきました。自分というものを、そのときの判断の外、意識の外に一度、置いてみる。岩田本人のためではなく、アトラスの社長、ザ・ボディショップの社長、スターバックスのCEOとして、組織のためになるかどうかという観点で判断をする。自分にとって得になるか、損になるかは一切考えない。

無意識の中では持っていたかもしれませんが、できるだけ私心を持たないように頑張ってきました。

重要なことは、リーダーがどこまで私心を捨て切れているか、ということなのです。良い格好を見せようとして、表面的に演じていたとすれば、これは逆効果。実際、そういうリーダーがときどきいます。しかし、それは部下にはわかってしまうものです。

言葉では「会社のためだ」「君のためだ」と言ってはいても、言動の端々に本音というものは出てくるものです。そういうところから、部下は上司の演技に勘づいていきます。本気で言っていないな、ということがわかってしまいます。

だからこそ、本気で無私の心を持つ必要があるのです。ただ、私心を捨てるというだけでは、なかなか難しいもの。

そこで重要になるのが、志（ミッション）なのです。自分は何のために仕事をしているのか、ということ。リーダーは、それをしっかり語れなくてはいけない。

創業社長の場合、会社の理念やミッションと自分の志が一致していることが多い。一方で、従業員の場合、会社の中で達成したいものは、人それぞれかもしれません。けれども、組織としては、そこで働く人がみんな同じ方向に向かっていないと困る。

だからこそ、理念は重要なのです。**リーダーは、自分なりに、無私の心で組織のために大きな志を描いているということを、部下に伝えていかなくてはいけません。**

「恨みに任ずる覚悟」を持つ

先に、『ビジョナリーカンパニー2』の「針鼠《ハリネズミ》の概念」を紹介しました。企業は「情熱をもって取り組めるもの」「自社が世界一になれるもの」「経済的原動力になるもの」の三つの円が重なることをミッションにしなさい、と。

これを個人に置き換えれば、「好きなこと」「得意なこと」「人のためになること」の三つの円が重なったことをミッションにするべき、と書きました。

多くの人が、好きなことや得意なことに向かっていくことはできるのです。でも、それだけではなかなかうまくいきません。特にベンチャー企業によくあるケースですが、得意なことがあって、どうやって金儲けをしようか、と考えてしまう。

そこから一歩進めて、人のためになる、ということを考えた瞬間に、いいミッションが生まれることがよくあります。お金儲けをしよう、というのはミッションにはなりません。それでは人はついていかないのです。

しかし、何か世のため、人のためになることをやろう、ということであれば違う。

部下は意欲を出して、頑張ってくれるようになるのです。投資家も、その志に乗って応援してみようか、と思います。お客様にも、商品を通じてその「志」を買っていただけるのです。

そして志（ミッション）をベースに、無私の心で頑張る。もちろん、うまくいくことばかりとは限りません。なかなか結果が出せないこともあるかもしれない。部下から不満の声が上がるようなこともあるかもしれない。

リーダーとしての頑張りを、まったく理解してくれない部下もいるかもしれません。的外れな批判をされてしまうこともあるかもしれない。

しかし、それもまたリーダーとしては、耐え抜かなければならないことです。

リーダーは、「恨みに任ずる覚悟」を持つことが必要だと私は思っています。

『論語』に「子曰く、民は之に由らしむべし。之を知らしむべからず」（泰伯第八）と書かれているように、民は徳によって信頼させることはできるが、すべての民に真実を知らせることは非常に難しい。時には恨まれることもある。

もちろん、普段からみんなに信頼されるよう徳を積むことが一番大切です。しかし、無私の心を持って、組織のためにやっているのだと言い切れるから、人に恨まれることがあってもいい、という覚悟が持てるのです。

部下から信頼されることはとても難しいことです。ひとつだけヒントを言えば、「小さな約束を守る」ことだと思います。言ったことは必ずやる。できない時は素直に謝る。こうして信頼が生まれてくるのだと思います。

こういうところからもまた、人間力が鍛えられていくのです。

そして、リーダーという役割を正しく担っていくことで鍛えられた人間力は、「ついていきたい」と思われる方向へと、間違いなくつながっていきます。

50　毎日が自分を磨ける場だと知る

「ありがとう」や挨拶を習慣にする

リーダーが人間力を示せるのは、結局のところ日々の行動です。

例えば、日頃どんな人たちと付き合っているか。それによって、自身の人間力も歪《ゆが》められかねないし、人間力も問われかねない。

例えば、ネガティブな言葉や態度を発信している人たちとは、付き合うべきではないでしょう。後ろ向きで物事の悪い面ばかり見る、誰かの欠点ばかり見ようとする、自分がすべきことをしないで組織に文句ばかり言っている……。そういう人たちと付き合っていたのでは、「人間としての徳」や「無私の心」がマイナスの影響を受けてしまいます。

ちょっとした日々の行動が、部下には強く印象に残っていることも少なくありません。つい最近、ザ・ボディショップの地方店舗のマネージャーから、意外なことを言われました。

毎週書いていたマネジメントレターについて、そのマネージャーがこう言いました。いつも最後に「ありがとうございました」という言葉があるのが、とても印象に残っています。いつも感動していました、と。

実のところ、私はそう書いていたことをほとんど意識していませんでした。ただ、お店のマネージャーにメッセージを書いていたとき、抱いていたのは、いつもお店で頑張ってくれてありがとう、という感謝の気持ちでした。そしてもうひとつは、長いマネジメントレターを、忙しい最中に最後まで読んでくれてありがとう、という気持ち。

そういう気持ちが凝縮されて、当たり前のように自然に「ありがとう」という言葉を書いていました。

ところが、それを彼女はちゃんと読み取ってくれていました。私の素直な感謝の気持ちに反応してくれて、感動したと言ってくれたのです。

これは、私もとてもうれしく思いました。

思えば、「ありがとう」は習慣になっていたような気がします。これは、どの職場の時でもそうでしたが、毎日のように顔を合わせるスタッフにも、何かあるたびに「ありがとう」を伝えていました。日常でも、例えばバスを降りるときにも運転手さんにありがとうと言う。こういう小さなことの積み重ねが大切です。

日々の「挨拶」もそうですが、これらはリーダーに限らず、人間としての基本動作ともいえるかもしれません。しかし、これができていない人が意外に多い。だからこそ、いつも見られているリーダーは厳しく基本動作に立ち戻らないといけないと思います。

挨拶にせよ、ありがとうにせよ、小さな習慣、小さな気配りをしっかりやらなければいけないということです。

使い捨てられる安全カミソリにはなるな

雑誌を読んでいて、面白い記事に出会いました。

男性がヒゲを剃《そ》るときには、安全カミソリを使ったり、電気カミソリを使ったりします。ある会社の電気カミソリの刃は、ヒゲを剃りながら電気カミソリ自身が刃を研ぐのだそうです。そうすることによって、刃が剃れなくなるのを防ぐ。

言ってみれば、自分で自動的に自分を磨いているのです。

一方の安全カミソリは、ヒゲを剃れば剃るほど、刃は摩耗していきます。自分で刃を研ぐ、なんてことはない。結果的に使い捨てにされることになるわけです。つまり、自分で研ぐことができない安全カミソリは、捨てられてしまうのです。

「人として、使い捨てられる安全カミソリになるな。自らを磨く電気カミソリとなれ！」ということです。

このことが示唆しているのは、自ら刃を研ぎ、自分を磨く努力をしなければ、使い捨てに甘んじるしかない、ということです。

使い捨てにされたくなければ、自らを磨き続ける必要があります。

リーダーも同じです。

何かをしている間も、ずっと自分を磨き続ける。あらゆることを、自分を磨く材料にしてしまうのです。

そうすることで、人間力も磨けるのです。

日々のちょっとした行動も自分の成長の糧にしてしまう。そんな意識を持っているリーダーなら、部下は間違いなく「ついていきたい」と思ってくれると思います。

51 最後は、自分を信じ続けること

一〇〇点満点のリーダーでなくてもいい

リーダーはこうあるべきだ。

みなさんはいろんなイメージをお持ちだと思います。もちろん、さまざまなことが完璧にこなせたら、それはすばらしいリーダーなのかもしれません。

しかし私は、必ずしもそうでなくていいと思っています。一〇〇点満点など、そうそう取れるものではないからです。だから、どこかで割り切っていい。

ヘンに妥協してしまう、というのも問題ですが、理想の八〇、九〇%にまで到達していると感じているのであれば、私はそれを完璧に、一〇〇%にしようとする必要はないと思います。これでいいんだ、と割り切る。なぜなら、こういう割り切りを持っていないと、どこかでパンクしてしまうことが少なくないからです。

リーダーになって心を病んでしまう人がいます。

私はその背景にあるのは、「絶対にこうしなければいけない」「リーダーとはこうあるべきだ」と考え、完璧にこなそうとすることだと思います。そのプレッシャーに押しつぶされてしまうからです。

私が日産自動車時代にノイローゼになったのも、「こうでなければいけない」ということに、こだわり過ぎたことが原因でした。留学先は、全米トップ一〇のビジネススクールでなければいけない、そのためには試験の点数を上げなければいけない、というプレッシャーに押しつぶされそうになっていたのです。

ところが調べてみたら、トップ一〇ではなく、トップ三〇に行った先輩だって多くいました。だったら、それほど無理をすることはないんじゃないか、と気づいてから、肩の力が抜けました。そうすると、不思議なもので、むしろ試験の成績がアップしたのです。

リーダーの役割は、たしかにプレッシャーかもしれない。しかし、「これがうまくいかなくても、人生が終わるわけではない」という割り切りもあっていいと思います。

こういう気持ちをどこかで持っておくことで、心にゆとりが生まれる。部下にも、ゆったりと接することができる。

カリカリと理想の姿を追いかけていたのでは、むしろ部下から見れば、理想のリーダーには見えないかもしれません。ぜひ、プレッシャーからの逃げ方、かわし方も知っておいてほしいと思います。

ちなみに留学のときには、心をぐっと落ち着けてくれた言葉が、もうひとつありました。留学予備校で、校長先生がこう言われたのです。

「みなさんは今、大変だけど、来年の今頃は、もうアメリカのどこかのビジネススクールのキャンパスの芝生の上で寝転がっているのです。それをイメージしてみてください」

この言葉で、ぐっと気が楽になりました。今は先が見えず大変だけど、一年後には、この苦しい状況が必ず終わって、どこかのビジネススクールには入学できている。

この言葉には、本当に救われました。これもまた、勉強にプラスになりました。時間が経《た》てば、必ず何とかなってこの苦境から脱しているのだから、うまくいっている自分の未来を勝手にイメージすることも、時には重要だと思います。リーダーは、時間の流れを味方に付けることも大切なのです。

自分を信じられるから、努力ができる

自分を追い詰めないようにするためにも、ぜひ覚えておいてほしいことがあります。

それは、自分を信じ続けるということです。自分の運を信じる、自分の星を信じる、と言い換えてもいいかもしれません。

生きていれば、いろんなことがあります。でも、きっと自分の人生は最終的にはうまくいく、と信じて努力するのです。

短期的には不安も大きい。でも、長期的にはきっと何とかなる、と考える。そういう姿勢を持っておいてほしいのです。

もっといえば、この世に生を受けたのは、何がしかの理由があるはずです。**きっと何かの意味があって、自分は生きている。もしかすると、生きているというよりも、生かされているのかもしれない。**

実際、人生のいろいろな出来事について、強い必然性を感じることも少なくありません。

だからこそ、頑張ろうと思えたり、努力もできる。きっと何かの役割を果たすために生きているのなら、この努力がどこかで必ず実っていくはずだ、と信じることができる。

自分を信じてみてほしいのです。きっと自分にはできる、と。

もしリーダーを命ぜられたなら、きっといいリーダーになれる。人間力も備えた、優れたリーダーになることができる。大勢の人たちを率いていくことができる、と。

私は挫折も数多くしてきました。結果的には、それは貴重な経験になり、後に大きく生きることになりました。しかし、もしその挫折の最中に、もうおしまいだ、とあきらめてしまっていたら、それで終わってしまっていたのではないかと思います。

あきらめたら、おしまい。

私は信じていました。きっといつかはうまくいくと。だから、新たな努力を続けることができた。その努力が、新たな実を結んでくれた。

最後は、自分を信じ切る思いです。それこそが自分を救ってくれる。

だから自分を信じて、努力を続けてほしい。

たくさんの部下から「ついていきたい」と思われる未来のリーダーたちへ、それを伝えたいのです。

おわりに

「早く社長になりなさい」

これは、本当に幸運なことに、四〇代から三つの会社の経営者を務めさせていただいた私の体験から、みなさんにお伝えしたい言葉です。

もちろん今、勤めている会社の社長にすぐに就任したり、転職して社長になったりすることがそんなに簡単でないことはよくわかっています。ならば、勤めている会社の子会社ならどうでしょうか。子会社の社長をやってみたいと手を挙げて、社長に就くのです。

社長の仕事というのは、本当に厳しく大変な仕事です。

社長になると、責任範囲が一気に広がります。何かの部署の責任者から社長になる、というケースが多いと思いますが、社長になれば商品開発、マーケティング、製造、営業、人事、経理……など広範な知識が必要になります。

山登りをしていて頂上に立つと、一気に視界が広がる。そんなイメージです。会社の将来に関わることは、すべて決めなければいけない。もう自分の後には、誰もいないのです。うまく引っ張っていかなければ社員全員の将来を台無しにしかねません。

一挙手一投足がチェックされ、全社員が自分の姿を凝視することになります。

そして会社の代表として、外部の人たちと付き合わなければなりません。この人が社長なのか、という厳しい目で常に見られることになります。

こういう環境に置かれるとどうなるか。圧倒的に鍛えられるのです。

そしてこうした厳しい環境の中で、もし結果を出すことができたらどうか。社員みんなに慕われ、「ついていきたい」と言ってもらえたらどうか。それはもう、途方もないやりがいを感じます。自分がこの会社を動かしているんだ、という自負心と充実感は、何物にも代え難いものがあります。すばらしい経験です。

だからこそ、多くの人に、なるべく早く社長をやってほしい。私はそう思っています。

そしてそのためにも重要なのが、ひとつでも多くのリーダーを経験することです。

できれば、会社でも、会社の外でも、リーダーになるチャンスがあれば、手を挙げてみてほしいのです。

プロジェクトリーダー、チームリーダーなど、仕事のリーダーに限りません。飲み会の幹事でもいい。結婚式の二次会を仕切るのでもいい。ボランティアのリーダーでもいい。住んでいるマンションの管理組合の理事長をやるのでもいい。理屈だけで物事が進まない場所での経験は、極めて重要です。

これぞまさしくリーダーの経験。後に必ず生きてくる経験です。

昔は大きな会社の子会社の社長職といえば、本社からの天下りポストというイメージが強い時代がありました。最近もある大企業の子会社の社員から、本社から天下ってくる社長は、リスクを取らず何も新しいチャレンジをしない、と不平を言われました。

しかし、これからはそうではありません。若手の幹部を育成するために、子会社の社長に抜擢《ばってき》するケースは増えてきています。

実際、子会社の経営で実績を出して、もっと大きな子会社の経営を任され、四〇代の若さで上場会社の経営者に抜擢された人もいます。今、好調な業績を出している会社です。

もしそのようなチャンスが巡ってきたときに、自分はそのような器ではないと尻込みをする人もいるでしょう。そんな人には、幕末勝海舟が、博徒の清水次郎長と会ったときのエピソードをご紹介したいと思います。

勝海舟が「おまえのために命を捨てる子分は何人おるかえ？」と聞く。次郎長はこのように答えた。「一人もおりません。ですが、わっちはあやつらのために命を投げ出せます」

そうです、会社のため、部下のために自分を捨てる覚悟を持つだけで良いのです。チャンスがあると思うなら、手を挙げてみる。

それこそ私は、いくつもの子会社で社長を務め、そこで実績を出し、這《は》い上がってきたリーダーこそ、本社の社長に就任させるべきだと思います。まさに、学校エリートではなく、実践で鍛えられた、たたき上げの社長になれるから。これからは、そういう会社が増えてくるのではないでしょうか。

自分の経験を振り返ってみても、社長として一度目よりは二度目、二度目よりは三度目のときのほうが、いろいろな経験を経て、よりうまく経営できるようになっていると感じています。

日本企業の場合は、年配になってから初めて社長になり、数年務めて引退してしまう、ようやく社長としていろいろなことがわかってきた頃に交代してしまう……ということが多いようです。もっと若い人にチャンスを与え、プロの経営者を育成していかないといけないのではないかと思います。

自分自身が経営者を早くから経験してきたからでしょうか。ここ数年、強くわき上がってきたのが、若い経営者を育てたい、という気持ちです。特に初心者マークの経営者に、少しでも自分がお役に立てるのであれば、という思いを持っています。日本が大好きで、日本人として、この国を良くしたい、元気にしたい、という気持ちも、その背景にはあります。

そんな折、次世代の国富を担う産業を創出するために生まれた産業革新機構から、お誘いをいただくことになりました。日本が持つ産業資源の潜在力を最大限引き出し、日本の競争力強化の一助となる、という役割です。場合によっては経営者を採用し、投資先の企業を経営者と一緒に成長させていく。これは、日本のためになると思い、お引き受けすることにしたのでした。

現在、私は産業革新機構の一員として慌ただしい日々を過ごしています。経営者の仕事とはまた違う醍醐味が、きっとたくさん待ち構えていると想像しています。

『かもめのジョナサン』（新潮文庫）を書いたアメリカの作家、リチャード・バックの言葉にこんなものがあります。

「たいへんだったが、しかしすばらしかったといえる人生を送りたい」

私の大好きな言葉であり、私の座右の銘です。平坦な人生ではなく、上り坂も下り坂もある。紆余曲折があり、大変だと思うこともたくさんある。

でも、それでもすばらしいと思える。いい人生だったと最終的に思える。そういう人生を送りたいと思っています。

これからもいろいろなことにチャレンジをしていきます。このすばらしい国日本のために。

「ついていきたい」と思われる、多くのリーダーが日本に現れますように。本書が、わずかでもその一助になれば、幸いです。

二〇一二年九月　　　　　　　　　　　　　岩田松雄